U0627559

お客さまの記憶に残るお店のリピーターをつくる35のスイッチ

餐饮营销1
创造回头客的 35个开关

［日］真喜屋实行 著

张永亮 译

人民东方出版传媒
People's Oriental Publishing & Media
東方出版社
The Oriental Press

图字：01-2019-5384 号

OKYAKUSAMA NO KIOKU NI NOKORU OMISE NO REPEATER WO TSUKURU 35 NO SWITCH by
Saneyuki Makiya

Copyright © Saneyuki Makiya 2012

All rights reserved.

Original Japanese edition published by Dobunkan Shuppan Co., Ltd.

This Simplified Chinese language edition published by arrangement with

Dobunkan Shuppan Co., Ltd., Tokyo in care of Tuttle-Mori Agency, Inc., Tokyo

through Hanhe International (HK) Co.,Ltd.

中文简体字版专有权属东方出版社

图书在版编目（CIP）数据

餐饮营销 . 1，创造回头客的 35 个开关／（日）真喜屋实行 著；张永亮 译. —北京：东方出版社，2019.11

（服务的细节；090）

ISBN 978-7-5207-1259-0

Ⅰ.①餐⋯ Ⅱ.①真⋯ ②张⋯ Ⅲ.①饮食业—市场营销学 Ⅳ.①F719.3

中国版本图书馆 CIP 数据核字（2019）第 243251 号

服务的细节 090：餐饮营销 1：创造回头客的 35 个开关
（FUWU DE XIJIE 090：CANYIN YINGXIAO 1：CHUANGZAO HUITOUKE DE 35 GE KAIGUAN）

作　　者：[日] 真喜屋实行
译　　者：张永亮
责任编辑：崔雁行　高琛倩
出　　版：东方出版社
发　　行：人民东方出版传媒有限公司
地　　址：北京市朝阳区西坝河北里 51 号
邮　　编：100028
印　　刷：北京文昌阁彩色印刷有限责任公司
版　　次：2019 年 12 月第 1 版
印　　次：2019 年 12 月第 1 次印刷
开　　本：880 毫米×1230 毫米　1/32
印　　张：6.5
字　　数：118 千字
书　　号：ISBN 978-7-5207-1259-0
定　　价：68.00 元
发行电话：(010) 85924663　85924644　85924641

目　录

第 2 章

太刻意反而很难让顾客留下"记忆"

PART 1

第 3 章

用"物"形成物理联系来加强记忆

前 言

　　好人——给人好印象的人（或者说是带有好意，不去故意伤害别人的人）

　　仅是好人——虽然是好人，却不让人"想再见一面"

　　好店铺——顾客满意的店铺

　　仅是一家好店铺——顾客很满意，却不会成为回头客

　　"仅是一家好店铺"虽然能让顾客满意，却不能让他们成为回头客，这当中是有原因的。如果商家不弄清楚原因，不论他是多么好的商家，不论他多么努力，顾客都不会变成回头客。只有商家弄清楚这些原因，努力才会有回报，"满意"的顾客才会如期"再次光临"。

　　我曾在好几家店当过店长，独立创业后为很多商家提供过

帮助，从中我也学到了一些东西。

我认为，顾客很满意却没有成为回头客是有"原因"的。而那些有回头客的商家肯定是抓住了某些"要点"。

家电都有开关。

只对着空调用尽全力祈祷说"变冷"，它也不会启动。而毫不费劲地按一下遥控器开关，它就会启动。即使你把电视机的屏幕拍得啪啪响，也只是留下掌印而已，不按开关就打不开电视。

商家招揽回头客也同样需要**开关（技巧）**。

如果商家不像按下电源开关那样"触发"技巧，只是盲目努力和祈祷，是不会有回头客的。明确开关的所在位置，并在关键时刻打开它，商家的努力就会有收获，回头客就会增加。

本书为"让满意的顾客成为回头客"准备了 35 个技巧。它们都是让商家从"仅是一家好店铺"的形象中解脱出来并能够招揽回头客的技巧。

"触发"这些技巧，就能弄清楚"仅是一家好店铺"的原因。

我把这些技巧分为 4 类，包括"**3 个联系**"和"**1 个契机**"。

3 个联系分别是"心灵""记忆""物"的联系。之前很多人都讲过"心灵"和"物"的联系问题，本书想从一个不同的角度来讲。

"**心灵联系**"，不是商家"站在顾客的立场上为顾客着想"的精神层面，而是一种具体采取什么对策才能和顾客建立心灵联系的技巧。

"**以物联系**"，一般是指通过手机电子杂志、简讯、邮件推送广告（DM）等，"由商家主动发送的物"进行联系。这虽然也很重要，但本书介绍的技巧是从"由顾客主动看到的物"这一视角来考虑的。采取这些技巧，不是让顾客被动地，而是他们自己主动回忆起商家来。

本书最大的特点，是讲述题目中提到的"**记忆联系**"。之前没有人从做生意的角度讲过。本书针对商家用什么样的"措辞"才能让顾客记忆深刻、顾客在店内有"什么样的体验"才能记忆深刻等问题点，介绍了很多技巧。它们是通过"记忆"招揽回头客的重要因素。

关于"**契机**"，我写的内容是想让商家扩大一下给顾客提供契机的维度。很多商家会依靠"打折优惠券"来吸引顾客光临，但这仅仅是诸多契机中的一个而已。本书介绍了 11 个技巧。通过灵活使用这些技巧，能扩大给顾客提供到店契机的维度，即使商家不打折优惠，顾客也会到店消费。

本书介绍的技巧并不是"机械化作业""数字逻辑""优惠方法""销售标语"之类的，而是**能触摸顾客心灵、与顾客头脑（记忆和思考）活动紧密相联的东西**。正因为如此，这些技巧有无法立即转换成数字的一面，但是一旦启动，就能形成非常强劲的促销风暴。

虽然本书主要讲述的是心灵和思考，但也会在第 4 章给出一个"到店顾客量的公式"。毕竟运营店铺不能仅凭感觉，还需要理论。所以，我给出了一个将数字相乘的公式，以活用这些技巧。

我现在的工作主要是为商家企划促销活动。对象包括餐饮店、按摩正骨院、生活辅导班、甜品店、美容院、补习机构等，此外还包含批发业和咨询服务业，为它们企划促销活动，让它们的"特色和优点"传播得更广。虽然行业各异，但它们都心系顾客，努力奋斗。

几年前，我在很多地方当过店长，曾努力奋斗过。记得在银座的一家快餐店工作时，每天需要站 14 小时，还多次在回家的电车上睡过站；在爱知的一家小酒馆工作时，开业 5 个月内没有休息过，很多次都是不回家直接睡在店里的地板上……我想让你从我的这些经历中明白，作为店长想努力做好生意的心情。

正因为如此，我现在特别想说：

祝愿为顾客着想、努力做好生意的商家生意兴隆！

在之前累积的经验中，我觉得生意中有"两个不好"的地方。

第一个不好是商家**"以自己为中心做生意"**。有些人做生意不考虑顾客，只考虑自己的销售额和利润，商品的质量下降了也无所谓，是优先考虑销售额和利润的生意。这样的商家是会赚钱，但我认为这样"不好"。

另一个不好是**"对顾客好，生意却不兴隆"**。虽然商家做的是对顾客好的生意，也很费神拼命，但由于没有抓住要点，所以增加不了回头客，也兴隆不起来。这样一来，商家会容易陷入价格竞争中，做起以自我为中心、无法对顾客好的生意来。我认为这样也"不好"。

商家做生意的大前提是努力对顾客好，并认真把自己的好意表达出来、传递出去，以让生意兴隆。这理应是生意人的重要使命。

我竭尽全力地写这本书，是为了帮助那些做"对顾客好的生意"的店长们。若能为你助力将是我的荣幸。

真喜屋实行

让这本书价值 5000 日元以上的三条做法

这本书 1470 日元，但我希望它至少能为你创造出 5000 日元的价值。如果各位读者获得不了这个价值，那么购买此书是失败的。我会在"结语"中说明理由，总之希望这本书能为你创造出 5000 日元以上的价值。为此，我希望你一定要做到以下几点：

第一　应该逐字逐句地阅读

请你在比较在意的地方画下划线、做标记。也可以把那一页折起来。如果有什么想法，请你务必在那一页做笔记。

第二　应该在阅读时思考"如果是自己的店能做什么"

本书有很多事例和需要抓住的要点。请在读书的同时以同样的角度来思考，如果是自己的店能做什么。

第三　应该读完之后再读一遍

请再重点读一遍画线和做标记的地方。你可以花 5 分钟快速阅读一遍，如果没有时间，也可以只读 1 分钟。我还希望你在把这本书放到书架上后也时常拿出来翻一翻。书中写了为什么要这样做。

或许你认为没有必要这么麻烦，但我还是希望你能把这三条做法长留于心。

序 章

商家要与顾客
"建立联系"
才能让他们再次光临

1 成为"仅是一家好店铺"的 4 个原因

在东京居民区，从门前仲町站步行 3 分钟，刚过桥有一家烤鸡肉串店。里面有一位手艺娴熟的师傅，他在很多家名店工作过，做的菜非常好吃。

A 君跟他的朋友去了那家店。他们边吃边聊，吃得很饱，非常愉快。朋友问他感想如何，A 君笑着说："很好吃，是家好店。"

A 君很满意，但遗憾的是，他再次光临的可能性极小。

明明很满意……

有些商家每天都在营业，却对"顾客只感到满意，不会再次光临"认识浅薄，而有些商家有深刻的体会。

商家只是让顾客满意，只达到了"仅是一家好店铺"的程度。

这次，B 君跟他的朋友去了同一家烤鸡肉串店。B 君是第一次去，而他的朋友是这家烤鸡肉串店的忠实粉丝，每上一道菜，都会为 B 君热心介绍一番。

"这里的鸡肉啊，用的都是鸟取县大山的鸡，煺毛后在 12 ~ 36 小时内最好吃。所以，听说这家店都是今天买的鸡今天用，明天就不用了。""你看看这个鸡胸肉，虽然表面被烤白了，但里面是粉色的呢。新鲜得很，不新鲜可做不出这样的美味呢。"

B 君一边赞叹一边吃。这家店的掌柜也为他们做了介绍，大家越说越起劲。

吃完饭要回去的时候，掌柜说："我们下周开始出新品火锅啦。"然后还给了他们小礼品。

离开店的时候，B 君十分满意，成了这家店的回头客。

即使是对同一家店、同样的菜，顾客也会有容易和不容易成为回头客的情况。顾客不满意就不会成为回头客，这是没办法的事，但也有顾客明明很满意却很难成为回头客的情况。虽然很遗憾，但这是事实。为什么会这样呢？

原因大致有以下 4 个：

①因为**还有很多其他**感觉不错、令人满意的店（没有理由选择这家店）

②因为过几天就**想不起来**这是家什么店，有什么商品了（记忆模糊）

③因为**忘记了这家店的存在**（没记住）

④因为**可以不用现在**去这家店（没有"现在"就去的理由）

这就是明明是个好商家却成了"仅是一家好店铺"的 4 个原因。

刚刚提到的 A 君符合这些原因。虽然他认为是家好店，却没有特意记住。就出现了"没必要下周去，也可以去别的店"之类的情况。

商家要想创造回头客，就要逐个弄清楚这 4 个原因。大家或许会认为"这些都是顾客的感受，商家没有什么办法"。但其实不是这样的。即使商家卖的东西一样，但通过不同的"展示方式、上菜方式、表达方式"，也会让顾客的印象发生很大改变，从而增加回头客。

而且，让顾客成为回头客需要**"3 个联系"**和**"1 个契机"**。

具备这些，商家就有可能摆脱"仅是一家好店铺"的印象。"联系"是商家让顾客再次光临的基础。"契机"的目的是激活这个基础。商家只有具备了这些，回头客才会稳步增加。

本书不仅为了讲清楚"3 个联系"和"1 个契机"，还为了将它们以符合店家特色和优点的形式再现出来，切实讲一讲实际应用中的要点。

首先，从作为基础的"联系"开始说起。虽说是"联系"，但它给人的印象因人而异。我首先要阐明，成为让顾客再次光临的店所需的"3个联系"是什么。

２ 与顾客"建立联系"指的是什么

与顾客"建立联系"指的是什么呢？

它是指在顾客和商家之间**架起能够相互往来的"桥梁"**。你知道"濑户大桥"吧？它是一座连接本州冈山县仓敷市和四国香川县坂出市的桥梁。

假如没有濑户大桥会怎么样？人们就不能往返于本州和四国之间，也不能运送货物。

从海岸边向对面看，或许能看到很远的陆地，却不能过去（请先不要考虑飞机和船）。因为建造了濑户大桥，人们可以去四国也可以去本州，能够相互往来。

顾客和商家之间也同样需要"桥梁"。

顾客和商家为了彼此传递信息、保持联系，需要桥梁。如果他们之间**"建有桥梁"**相互往来，商家就可以发送信息，顾客也可以接收信息。另外，商家也可以接收到顾客的信息。最重要的是顾客会到店里来。

这就是顾客和商家之间的"联系"。正因为"建立了联系"，商家才能够邀请顾客"光临"。

说到这些，很多人会说"我们是用手机电子杂志保持联系的呀"或者"我们会定期发送 DM 啊"之类的话。

这只是本书所讲的"3 个联系"中的一个方式而已。虽然这种方式非常重要，但只有这些还不够。不是有很多店铺尽管拼命发送电子杂志和 DM，却没有顾客光临的情况吗？

这是因为**"联系"还不够**。只有在 3 个方面形成联系，才能发挥它的作用。反过来说，**缺少一个，也不能发挥它的作用**。虽然不能说是毫无作用，但多是事倍功半。

但也不能说没有这"3 个联系"就完全招徕不到回头客。如果商家拥有冲击力强的商品和服务，或店老板魅力非凡，也许会有很多回头客。另外，也有可能是顾客偶然选择了再次光临。请仔细想一下自己是否以此为目标。我认为，商家最好放弃顾客"偶然选择"这个目标，把绝对第一的形象或者非凡的魅力作为努力方向才是最好的目标。不过这条路相当艰辛。

首先，商家要常常举办一些活动，架起和顾客之间能够往来的"桥梁"，"建立联系"，切实增加回头客。

我接下来介绍一下这"3个联系"。只有全部具备这3个联系才能发挥作用。

第一，**"心灵联系"**。

第二，**"记忆联系"**。

第三，**"以物联系"**。

"建立联系"是指，在上述3个方面架起可以随时往来的"桥梁"，并保持联系的状态。一旦形成这种状态，顾客就会随时到店里来。

这3个"联系"分别有着各自的含义和作用。

手机电子杂志和DM相当于第3个，即"以物联系"。它们虽然非常强大，但是如果商家结合另外两个一起实施，就会发挥出更大的作用。

3 需要"3个联系"的原因

为什么只有手机电子杂志和DM是不行的？

手机电子杂志和 DM 发挥的作用只是 3 个联系中的一个。改变它们的用法，有时具有补充另外两个联系的强大作用。

手机电子杂志和 DM 是"以物联系"的形式。因为它是通过使用实际的东西（工具）建立的联系，所以我把它命名为"以物联系"。

我们很容易理解"以物联系"，它已经成为众所周知的促销手段。这个"物"包括手机电子杂志、DM、简报、感谢信、门头板报、积分卡、纪念照片、广告赠品等。很多商家都在使用这些促销手段。

"以物联系"大致有以下 3 个目的或作用：

①建立顾客到店的契机（邀请）

②顾客没来店里的时候，用其加深关系

③制造让顾客产生回忆的机会

第一是**"建立顾客到店的契机"**。我将在第 4 章详细说明。不过我先说明一点，"契机"不是只包括"打折优惠券"和"促销宣传"。

第二是**"顾客没来店里的时候，用其加深关系"**。

这在"以物联系"中也起着十分重要的作用。它也是一种重要的促销活动，只有通过"物"才能做到。我自己也建议我的客户要积极这样做。

不过，这里有一个问题，就是**很多情况下如果顾客信不过商家，就不会看**商家发送的信息。

店长和员工向顾客说一说个人的隐私，并被顾客接纳，就会拉近彼此的心理距离，从而加深关系。但是，如果顾客不接纳，就会成为顾客理都不会理的无用之物，说的次数多了，反而会让顾客感到困扰。

这些"物"也是一把双刃剑。如果"物"来自你信任的人，你就会带着善意接受它，但如果来自你不信任的人，它就没有效果或适得其反。

正因为如此，我们更需要"3个联系"之首的"心灵联系"。建立心灵联系，不仅需要好人品，更需要作为生意人的操守和作为专家的本领。我会在第1章详述这一点。

第三是**"制造让顾客产生回忆的机会"**。如果你不谨记这个前提，它就发挥不了作用。例如，顾客收到了商家发送的DM，知道了店名，也依稀记得这家店的位置，却想不起来吃过什么食物，是一家什么样的店，这样商家发送的DM就起不到作用，很可惜。

为了发挥"以物联系"的作用，还需要"3 个联系"之二的"记忆联系"。"记忆联系"是**让顾客产生回忆的契机，是一种清晰的记忆和情感**。它既包括容易让人印象深刻的说话方式，又包括店里的展示方式和员工的行为举止，这些都会加深顾客的记忆。

就加深"记忆"而言，有的商家在无意识地这么做着，却很少有商家有意这么做。回头客不增加的原因也多在这里。

"物"对于商家和顾客之间的"联系"十分重要，商家要好好发挥它的作用。为此，希望你能理解上述"心灵联系"和"记忆联系"的重要性。

请你务必掌握本书中的这"3 个联系"。

４　要进行"太阳促销"而不是"北风促销"

在考虑促销对策之前，为了避免促销对策有效期太短，为了让生意长期兴隆，希望你把下面这件事常放心上。

即，**促销应该是"太阳"而并不是"北风"**。

你知道"北风和太阳"的故事吧？这是《伊索寓言》中一则有名的故事。北风和太阳打赌，看谁能让行人脱下外套。

北风对行人飕飕地吹起了强风，想把他的外套吹跑。但是，风吹得越猛烈，行人越是紧紧地裹住外套不松手。相比之下，太阳则洒下了暖洋洋的阳光。于是，变暖和的行人自己脱下了外套。

这个故事讲述的道理，也同样适用于商家的促销。

在促销中，**"北风促销"是商家根据自身的情况强行控制顾客**。比如商家用一些煽动性的语言做宣传，像"因为我们今后会提高价格，所以强烈建议你再来一杯饮料"，或者"你这样就可以了吗？不早点下手就来不及了"之类。

相比之下，**"太阳促销"**是指商家发挥自己的魅力，并将其传达给顾客，**让顾客根据自己的意愿来决定**。顾客来店之后，商家只说声"太荣幸了"来表示感谢，并且努力让顾客下次也满意就可以了。

短期来看，"北风促销"或许更能提高销售额。但从中长期来看，这种促销对顾客和商家都是不幸的。

让我们回到"北风和太阳"的故事上来，假如行人的外套真的被强劲的北风吹跑了，行人怎么样？一定是在寒冷的北风中被冻僵，而且还会讨厌强劲的北风吹跑了自己的外套。如果他再遇到这种情况，肯定会穿上两三层外套，并紧紧地扎上腰带，防止再次被吹跑。岂止如此，他甚至有可能避开有北风的地方。

商家变成这样就糟糕了。因为顾客不但不会到店里来，甚至不会靠近。

希望大家不要误解我的意思，毕竟商家需要销售额和利润。没有盈利就会倒闭，好生意也不能维持下去。商家不给员工涨工资，也维持不了员工的积极性。努力赚更多的钱是一个生意人的本分。

但是，"去赚钱"和"能赚钱"不同，**"去赚钱"是自我本位，而"能赚钱"是让顾客开心的结果**。我认为，商家为"能赚钱"而努力才是做好生意。

"招徕顾客"的促销也是同样道理。商家"招徕顾客"的促销不是为了"去招徕"顾客，而是**为了"能招徕"顾客**。

"太阳促销"能产生让顾客暖心、让顾客慢慢接受店铺的效果，不像"北风促销"那样速效。

或许有人会说："这样一来出成效相当耗时。"

是的，这样的确耗时，**顾客的信赖不是一天就能获得的**。商家需要孜孜不倦实实在在地努力才能成为受顾客喜爱、生意兴隆的店，不可以在短期内强行让顾客"到店里来"或"让他们买"。

如果商家敞开心扉、真诚相待，就会发现与顾客建立"心灵联系"的速度快得出奇。与顾客建立心灵联系之后，员工就会开心，干劲也会高涨。商家和几百乃至几千名顾客建立这种关系，虽然相当耗时，但只要人数一点一点地增加就行。

话虽如此，如果商家一直不知道什么时候会出成效，也会感到不安。商家在等待见效的时候，一旦经营陷入僵局，就会连本带利地全都赔上。要想尽早见效，我希望你能充分利用这本书的价值。

接下来，我要介绍一下，如何让这个让顾客暖心、让顾客慢慢接受店铺的"太阳促销"尽快被顾客接受。

那么，让我们一起来学习怎样招徕回头客吧。

第 **1** 章

用"心"建立联系
是一切工作的基础

1 何谓"心灵联系"

电视的"模拟信号"和"没有桃花运的男人"之间有什么共同点呢？思考这个问题对理解"心灵联系"有很大启发。

2011 年 7 月，电视从模拟信号转换成了地面数字信号。于是人们在电视机前按下遥控器，就可以参加正在播放的智力游戏，播放与收视的双方还可以交流。

之前的模拟信号系统，电视只能播放，用户只能接收，是单方面传送。

而没有桃花运的男人也是如此，他们的恋慕之心常常是单相思，是单方面的行为。

"心灵联系"则与这两种情况相反。它与地面数字信号相同，双方可以表达意见，**沟通想法，实现双向交流**。

商家与顾客之间需要"心灵联系"，而且这种联系要有浓度，浓度越高，关系越好；浓度越低，商家与顾客之间的距离会越疏远。

商家与回头客之间的联系，浓度分为两个等级。其一是**"两个人可以单独出去游玩"**的关系。这种关系的浓度相当高。如果是这种浓度，在店长有困难时，顾客会伸出援助之手。

虽然商家希望这种类型的顾客越多越好，但不可能和所有顾客都是这种关系。而且，这种类型的顾客过多，也是危险的。

为什么呢？因为**"心灵联系"的浓度越高，顾客对商家的要求也就越高**。对于那些明明已经来店很多次、经常聊天、关系很好的顾客来说，如果商家还是像接待第一次来店的顾客一般，他们会感到失落。一旦浓度变高，随之而来也就需要商家进行与之相应的接待。因此，商家在创造高浓度的"心灵联系"时，需要有心理准备。因为稍有不慎，就会引起对方的不满。

据说，**一个人最多可以和150个人保持良好的交往**，从人类开始使用语言以来都是如此。有学者认为，如今社交网络发达，可以和更多的人保持交往。但商家与顾客并不是网络上的虚拟关系，所以150人这个数字更接近现实情况。

如果商家能有150名常客，这着实令人称快，但现实是，商家无法只靠这些常客生存。

在按摩店、美容院和补习班之类的店，每名员工赚到的毛利润都很高，商家又非常重视员工与顾客的一对一接触，150人或许足够了。但如果是餐饮店、小卖部之类的店，则需要更多的顾客，150 人是不够的。这样看来，除了"两个人可以单独出去游玩"级别的顾客外，商家还需要其他类型的顾客。

第二个级别的顾客是"**擦肩而过时点头微笑**"的人群。商家虽然不必特意停下来与他们交谈，但要给他们留下好印象。

商家要想让回头客的数量变多，最重要的是要扩大这种类型的顾客群。商家与顾客之间的交情如果比这种关系淡薄，即使擦肩而过也不对视点头，就相当于形同陌路。商家想让这样的顾客成为回头客，是很困难的。

对于这种"擦肩而过时点头微笑"级别的顾客，别说 150 人，哪怕更多，商家也是可以应对的。商家只要能把自己的魅力散发出去，即使是这种浓度的关系，也能发展出足够多的回头客。

商家想发展回头客，首先要增加"擦肩而过时点头微笑"级别的顾客，这一点很重要。为此，商家首先要跟他们倾心交谈一次。

请想象一下下面这种结账时的交谈场景。

店员："你需要支付 280 日元。"

顾客："好的，这是 300 日元。"

店员："那找你 20 日元。"

　　虽然店员与顾客在语言上有所交流，但没有交心，所以无法建立心灵联系。如果在交谈中再加点词会怎么样呢？

店员："**感谢惠顾**，你需要支付 280 日元。"

顾客："好的，这是 300 日元。"

店员："那给你找 20 日元。**请你走好**。"

　　虽然只是增加了一点词汇，但这是在机械式的对话中不会出现的，它体现了店员的**关怀**。

　　只增加一点词汇，就能在店员和顾客之间建立一个小小的"心灵联系"。"心灵联系"并不需要很夸张，始于细微之处就可以了。但因为顾客主动去接近店员的情况很少，所以**店员应该有意识地去接近顾客**。

　　还有一点需要补充。

　　由于行业不同，在有些情况下需要重视一下高浓度的"心灵联系"。像前述的按摩业、美容业等需要接触"顾客身体"

的，以及心理咨询等需要触及"顾客内心"的服务性行业，虽然顾客少，却都需要深交，所以需要重视与顾客之间的联系浓度。联系得越紧密，越是互相熟知，商家就越能提供更好的服务，顾客也可以放心地把自己交给店家。请好好想一下，自己应该与顾客形成一种什么浓度的联系。

❷ "心灵联系"的 3 个要素

请再想象一下下面结账时的场景。

店员："收你 300 日元，给你找 20 日元。"

顾客："嗯？我有 30 日元。"

店员："（绷着脸毫无表情）不好意思。（不看对方，只是把钱收下）"

这样，顾客也会不高兴的。明明是顾客好心提醒，店员却如此冷淡。

能与顾客建立心灵联系的，只有对顾客敞开心扉的商家和店员，不可能是那些只考虑自身利益和只会提供机械式服务的人。

越是诚心相待顾客，越能充分融入顾客之中。

"心灵联系"本来就不是凭借技术和知识建立起来的，而是在与别人充分接触的过程中培育出来的。但这需要耗费太多时间，所以需要商家想办法让顾客能够自然而然地感知到自己的真心。毕竟一片"真心"也需要表达出来，不然顾客感受不到。

用"心"建立联系需要 3 个要素：

①**人品**（让人觉得你不错）

②**商魂**（让人信任你可以提供服务）

③**技术**（让人对你的服务质量满意，对商品放心）

前面主要讲的是①人品。但商家仅凭人品是不可能招徕回头客的。而没有人品，仅是一家"好店铺"，顾客也不会为此花掉对自己如此重要的金钱。

作为生意人，只有将真诚做生意、求上进的态度传递给顾客，才会得到他们的信赖。

此外，一个生意人不仅需要不错的人品，还需要技术过关。如果让一位一流的榻榻米匠人突然去开一家从未涉足过的按摩店，我想不会有人光顾吧。商家只有向顾客明示自己拥有令人满意的技术，顾客才会放心。

总之，"用心联系"需要这 3 个要素，只要商家把它们很好地传递给顾客，就会进一步巩固与顾客间的"心灵联系"。

那么，我们接下来从让顾客感受到商家"人品"的最基本的方法开始说起。

3 要进行点菜以外的对话

商家与顾客之间的对话应该是**"心灵相通的对话"**。

其实，就算心灵不相通，商家与顾客之间也能进行"必要的信息交流"。如今，商家在餐桌上放一个电子终端，顾客自己按一下按键就可以点菜了。商家甚至可以通过旋转轨道把料理送至顾客的餐桌。这些"必要"的工作，渐渐被机器代替了，其准确性和速度都比人强。

但还是有大半商家不把这些工作交给机器，而是继续由人来接待顾客。这是因为人拥有机器没有的东西吧。

只有人拥有的是**"贴心"**和**"灵活性"**。如果商家不好好利用这一点，只是机械地去做那些"必要"的工作，就会丧失由人去做的意义。

试想一下，"必要的信息交流"不需要心灵相通也能做到。但另一方面，如果商家**"敢于用心去做不必要的工作"**，就会比其他店先行一步。

我做店长的时候，会积极地与顾客搭讪。

我迎接顾客的时候不说"欢迎光临"，而是说"你好"。很多顾客不会对"欢迎光临"这句话做出回应，但是会对"你好"做出回应。

另外，如果有顾客围着围巾，我会说一句"今天真冷啊"；如果有顾客在店内折叠雨伞，我会说一句"雨下得真大呀"之类的话。

如果想找到与顾客之间的话题，就要上前搭话，这样会得到顾客的回应。

当然，与常客、新客对话的分量和内容，必须适时改变。但只要商家敞开心扉地主动接近顾客，顾客一定会有所回应。

话虽如此，肯定也有不擅长跟顾客搭讪的员工。这样的话，商家把对话的"契机"制定成一种机制让员工学习，也不失为一种方法。

比如，让员工在向顾客提供试吃服务时询问感想，帮带孩子的顾客拍照，在顾客的餐桌边分沙拉时询问喜好，等等。

虽然可以机械地进行必要的工作，但是非必要的工作，得用心去做。我们一起来探索进行非必要的谈话的突破口吧。

 要营造一个点菜以外的对话环境

4 对每一位顾客都要单独花功夫

我去位于宇都宫的一家叫"奴寿司　华月"的寿司店用餐时，发生了这样一件事。

吃完冷菜后，上来了一碗鸡蛋羹。鸡蛋羹里带一个"小勺子"，方向朝左，而在和我一起用餐的朋友的鸡蛋羹里，勺子是朝右。

我向上菜的店员询问缘故，他说，"因为你的筷子朝左放着"，原来他注意到了我是个左撇子。我在吃冷菜时就被他发现了，真令人惊讶。

这位店员注意到我的细节，并为此稍微花了一点心思，这让我感受到了他的真心。即使他像对待习惯用右手的人那样放勺子，我也不会有任何不满。但是，他特意为了我朝左放，令我感动。

还有一个事例。埼玉县川口市有一家叫"tratteria fermata"

的意大利餐厅。在顾客到店之前也花了一点功夫。

这家店事先把预约顾客的名字写在一张小纸条上，再用一个可爱的动物卡片架夹住这张纸条放在餐桌上。

这样就变成了一个可爱的欢迎卡。预约的顾客当然知道自己的名字。这家店像这样花了"一点功夫"向顾客表示欢迎。

接受到和别人一样的待遇，不会让你感觉到有意义，但如果商家只为你花功夫，你就会有所反响。**只为一位顾客单独花心思和时间，必定会引起他的注意。**

当然，其中也会有顾客注意不到这些。还有些顾客注意到了也什么都不说。但这也没关系，因为这样花功夫，并不是为了让顾客注意到后夸奖我们，而是为了让顾客愉快地度过用餐时间。

 要为每一位顾客单独花"一点功夫"

5 要把记得的内容传递给顾客

因为店员每天都要接待很多顾客，所以有时候很难做出判断。

比如有这么一位顾客，店员看着他面熟，也知道他光临过很多次，却不知道他的名字，也没有好好跟他说过话。在这种情况下，店员就会很难办。太过热情的话，可能会失礼。而完全像对待第一次到店的顾客那样对待他，也是让人接受不了的。

这种时候，店员要不露声色地给顾客一种"我记得你哦"的感觉。

顾客进店时，店员可以说"**噢！欢迎光临**"。

顾客点菜时，店员可以说"**今天想点什么**"。

结账的时候，店员可以说"**一直以来，多谢惠顾**"。

有些顾客对这些话没有反应，但也有不少顾客会回应"谢谢""还会再来"之类的话，还有不少顾客虽然不说话，但表情显得很舒畅。

顾客会因为店员记得自己而感到高兴。

如果店员能记住常客的喜好以及上次点过什么菜，那最好不过，但要记住所有顾客的情况就有些强人所难了。

就算是常去的便利店和咖啡店，顾客能听到一句"一直以来，多谢惠顾"之类的话，也会有点开心的。

店员不是只说"多谢惠顾"，而是要说**"一直以来，多谢惠顾"**。这样会让人觉得，"如果他没记住我的长相，是说不出这种话的"。

虽然这些都是小事，但这种小事能让店员建立起与顾客之间的心灵联系。店员要试着下功夫把"我记得你哦"之类的信息传递给顾客。

 要用一点点语言或动作向顾客传达出"我记得你"之类的信息

6 亲自动手会传递体温

2月14日早上。

小学6年级的小伊月，比平常稍显紧张地去了学校。

他到了教室，看了一眼自己课桌的抽屉，发现里面有两个漂亮的盒子。他的心怦怦跳了一整天，放学后偷偷把那两个盒子装进书包带回了家。

他回到自己的房间，锁上门，打开了盒子。一个是同班的香穗送的，里面是漂亮的心形巧克力。看上去像是在附近的超市买的。

另一个盒子是隔壁班的莉绪送的，也是心形巧克力，但有点变形，凹凸不平的，怎么说也算不上漂亮，一看就是手工制作的。

那么，这两种巧克力，哪一种更能传达心意呢？

自然是莉绪亲手制作的巧克力。

虽然都是心形巧克力，但比起买来的现成品，**自己亲手做的东西显得更有诚意，也更能将自己的心意传达给对方。**

我从有工作往来的物语照明股份有限公司那里收到过一张

付款通知单，其中也充满了诚意。说到付款通知单，通常给人的印象是，对方送来印刷的付款通知单、我方进行支付这种机械式的支付行为。

但是，在物语照明公司的付款通知单上，附有一张大隈总经理手写的简短便条。这张手写的便条用曲别针固定在印刷的付款通知单上。虽然便条上的内容不是很多，但因为大多数公司的付款通知单上都没有这种便条，所以让我觉得很温暖。

这种方式同样适用于促销。

请看下面的照片。这是位于代代木八幡的"Splash"美容院给孩子们手工制作的积分卡，把图画纸剪成汽车、心形、草莓

等形状贴在卡片上。

所谓"手工制作、手写",就是对着一张纸,用工具一个一个地亲手制作,效率很低。

如果所有的图案都一样,印刷店和打印机一下子就能完成,不需要一个一个地花费工夫,效率会非常高。

只要想做,任何人都可以"亲手写""亲手做"。

但是,**因为效率低所以很少有人做。也正因为如此,价值会格外高。**

如果你真心想与顾客建立"心灵联系",请务必挑战一下。虽然看起来是小事,但对顾客很有冲击力。

 要在顾客触手可及的东西上亲自"手写、手工制作"

用工具传达——赢得顾客信赖的 3 要素

首先让我们看一看下面的卖点广告(POP)。

这是冲绳县一家名叫"雅"的回转寿司店里张贴的商品POP(见下图)。这个 POP 为了得到顾客的信赖(为了建立心

ぬちぐすい汁
（あら汁）

かつおだしと
魚だしだけで
作っています☺
330円

おばあに「ぬちぐすい」と言われて定番メニューに
こうしてうまれました‼

余った魚の中骨などで作ったメニューに
ない商品でしたが 雅小禄店の
常連のおばあちゃん(お客様)が
「あんたよー、これ『ぬちぐすい』だねー」
と来る度に「あら汁ある？」と召し上がっ
てくれたので 店長の仲地が 感動して
毎日作るように♪今では 人気の
定番メニューに なりました‼

寒い季節
ぬちぐすい汁で
心まで
ぽっかぽか
ですよ‼

雅小禄店
店長 仲地

灵联系），融入了 3 个要素。

在这个 POP 上首先映入眼帘的是店长亲切的笑脸，这可以表现出店长的"人品"。

接下来，POP 想让顾客关注"救命汤"（鱼骨汤）诞生的故事。据说名称的由来是一位常来的老奶奶说的一句"真是'救命汤'啊"让店长很开心，于是就一直延用了下去。其中包含了店长认真倾听顾客的声音，并努力让顾客开心的"商魂"。

第三个是做法。每天使用鱼骨头手工制作这种汤，证明了他们店每天都在坚持"品质和技术"。

在这一张 POP 中，融入了"人品""商魂""品质和技术"3个要素，很有力量感。

在与顾客对话的时候，如果你能把这些信息传递给他们当然最好不过。但如果过分积极地宣传，顾客可能会觉得心烦。所以，可以事先把这些信息写在某些东西上，让有心的顾客去阅读。采取这种做法会更自然。

就传达"人品"而言，可以说一些**私人的话题和有趣的话题**。我之前介绍过"进行点菜以外的对话"，按照字面意思理解就可以，也就是不要只谈论自己的店铺和商品，还要有一些其他谈资。

所谓**"商魂"，是生意人在做生意过程中最看重的东西，不能让步的东西**。在前面例举的 POP 中，店长回应顾客的声音就是一例。另外，商家对"为了保证品质，一天只做 10 个"的坚持，也是商魂。

"餐厅想让你吃上好吃的面包，选择每天早上在厨房现烤面包""厨师明知道使用化学调味品更受大众欢迎，但依然采用古法做汤"之类的坚持，也是生意人的商魂。

如果能在业绩、生产中用数字或具体的语言表达出"品质和技术" 会很好。

例如，"在意大利的星级餐厅历练过的厨师长""为磨练本领去过泰国 200 多次的泰式古法按摩师""创业 35 年的理发美容店""只销售松阪牛肉的烤肉店"等，都是在表现品质和技术。

我们可以这么讲解商品，但不太好意思用来讲解自己。我们讨厌被人说自己在炫耀。我认为，这种想法体现出来的高雅品格正是日本人的优点。但是，关于信息这种东西，**如果不努力传达，就传递不出去**，这也是事实。不要总是指望顾客主动来询问。当然，顾客通过主动询问也能感受到些许魅力，但与其抱着这样的期待什么都不做，不如去努力传达信息，这样做更可靠。

除了之前例举的 POP 外，还可以用第 3 章会介绍的简讯和广告单等来传达信息。

一定要积极传达"人品""商魂""技术和品质"这 3 个要素。

 要用工具向顾客传达自己的"人品""商魂""技术和品质"

 要做一件最简单又最重要的事

前面主要写了"心灵联系"。刚才也说了，"心灵"本来就不是技巧和知识能左右的。

商家要打开心扉，去触动顾客的心灵。

商家建立起和顾客之间的心灵联系后，事情就好办了。

当然，因为这是人与人之间的关系，所以也靠缘分。商家不可能和所有顾客建立起心灵联系，所以不要对此有所期待，也不要强行制造联系。

在本章的最后，我还想告诉你绝对不要忽视的一点。它很简单，也很重要。但令人意外的是，有些人会把它忘得一干二净。我个人认为，它在商家建立与顾客之间的心灵联系方面，比什么都重要。

那就是**看着顾客的眼睛**。

已经做到的人会认为这是理所当然的事情。但我想特别强调一下。不会这样做的商家，**在其他方面再努力也没有任何意义**。这件小事就有这么重要。

人在内疚的时候是不敢看对方眼睛的。所以，我们不会轻易去信任不正视自己的人。另一方面，仅是四目相对，有时候却比语言更能让人心灵相通。

我们和小孩子说话的时候，不都是蹲下来看着他的眼睛吗？

正视对方是我们从小就自然而然在做的事情。

在商家建立与顾客之间的"心灵联系"方面，"看着对方的眼睛"可以说是最重要的。

 商家建立与顾客之间的"心灵联系"的根本是要看着顾客的眼睛

第 2 章

太刻意反而很难让顾客留下"记忆"

1 不能发挥工具的力量是因为商家没有让顾客留下"记忆"

商家拼命去做生意，会很有魅力。在这里，请你想一下商家有没有把这些魅力充分地传达给顾客。如果没有，可能就是空藏美玉了。

手机电子杂志和 DM 之类的工具是让顾客想起商家的契机，非常有影响力。好好利用这些工具，就会实实在在地加强顾客和商家之间的联系。但这是在理清**某个条件**之后的事。

如果有人突然问你昨天午饭吃了什么，你想得起来吗？

在哪里？吃了什么？什么好吃？有不满意的地方吗？这些都能想起来吗？

如果是 3 天前的午饭，会怎么样呢？如果是昨天，也许你多少会记得一些，但如果 3 天前的事，只要没有什么特别的事情或者印象，恐怕就不记得了吧。

这不仅是顾客对商家不满意时才会发生的事，即使满意也同样如此。**就算满意，过了 3 天也不记得了**。

不管是多么好的商品，多么好的服务，如果没有留在记忆中就想不起来。顾客想不起来，也就不会成为回头客。

所以，最重要的因素就是**"鲜明的记忆"**。商家要在顾客的脑海中留下鲜明的记忆。这是条件。

人对事物的记忆有几个规律。如果商家按照这些规律进行宣传，会显著提高给顾客留下记忆的可能性。相反，要是背离这些规律，不管多么拼命地经营，都不会给顾客留下记忆。

如果商家只是拼命地做生意，那么能否给顾客留下记忆，就只能看运气了。当然越是拼命，就越有可能给顾客留下记忆。也有些商家虽然没有特意这么做，但符合了记忆的规律。

根据这些规律进行促销，几乎不需要花钱。只要想想办法，任何商家都能做到。

为了充分利用自家店的"特色和优点"，一定要有意识地为之努力。现在很少有人具备这样的意识，所以请一定要先下手为强。

商品中凝结了店铺的灵魂，为了切实发挥出商品的魅力，请用"鲜明的记忆"来建立与顾客之间的联系吧。

❷ 给顾客留下什么样的记忆

让顾客记住你的店，并不是说记住什么都可以。

如果顾客记住了你想传达的东西以外的内容，别说成为回头客了，他们反而会有不好的记忆。

我来讲一个位于爱知县的瑞士卷蛋糕店的故事。

这家店每天都手工制作瑞士卷蛋糕。因为想让顾客品尝到刚烤好的松软口感，所以很是讲究，甚至会把烤了 4 个小时以上的蛋糕都扔掉。有的时候，这家店会在附近分发一些附有打折优惠券的广告单。顾客可以使用优惠券花 800 日元买到平时卖 1150 日元的瑞士卷蛋糕。

这家店在制作瑞士卷蛋糕时非常讲究，却不在意如何宣传。因此，初次进店的顾客不知道这家店在哪些地方有讲究。看见附有优惠券的广告单后前来购买的顾客，只记住了这是一家"瑞士卷蛋糕很便宜的店"。

顾客一旦形成"这是家便宜店"的印象，就不会成为商家期望的回头客。因为有些顾客在下次再有优惠券的时候可能会买，没有优惠券就不买了。

明明是费心思做的，顾客却不知道，真的太可惜了。如果顾客能记住店铺为什么可以提供松软的瑞士卷蛋糕，就算按照原价卖也会有人买。但是，这家店由于背离了要让顾客记住的要点，所以发生了与自己初衷相反的情况。

要想招徕回头客就要给顾客选择本店而不是别家店的理由，让顾客回想起本店时，有"还想去"的想法。

一言以蔽之，就是店铺要有自己的**"特色"**和**"优点"**。

"特色"是指**不同于其他店的单独特性**。正因为不同，才会获得顾客青睐。

◎**重视做事的想法**
◎**其他店没有或不曾做过的事情**
◎**无意间自然流露的举止（人品）**

等等，就相当于"特色"。

"优点"是指比其他店更优秀的部分。

◎**高品质的商品和服务**
◎**优质的或有特色的食材**
◎**高超的制造工序和技术**

等等，就相当于"优点"。

商家要把这些内容留在顾客的记忆中。把吸引回头客的要素留在顾客的记忆中，就会形成"记忆联系"。要想让顾客成为回头客，就要把店里的"特色"和"优点"留在他们的记忆中。

为此，首先必须要明确自家店的"特色和优点"。我为此准备了一些问题，在讲解下一项之前，请先认真思考，并在纸上写出来。先写个大概也没关系。这对于掌握接下来要介绍的"记忆技巧"，一定会有帮助。

为明确"特色"而设置的问题

你在做生意的时候**最重视**的事是什么？

"无论如何**坚决不做**"的事有什么？

你的店里有而**其他店里没有**的事有什么？

顾客会对哪些地方感到满意？

顾客向熟人介绍你的店的时候，会**用什么样的言语介绍**？

顾客不去其他店而**来你的店，是为什么**？

为明确"优点"而设置的问题

来你的店消费，**顾客有什么好处**？

在商品和服务方面，你的店**比其他店更好的地方**在哪里？

你对原材料有什么讲究？你店的原材料比其他店更好的地方在哪里？

你生产商品时需要注意什么？

你证明技术高超的数据有哪些？

你是否受到过一些**表彰**？

接下来，我将介绍一下让顾客记忆深刻的说话方式和店内体验。因为现在呈现出来的只是基础，所以请你配合接下来要介绍的技巧，试着花些心思，一定会变成让顾客形成记忆联系的表达。

③ 形成记忆的 7 个规律

你还记得 3 年前的今天晚饭吃了什么吗？只要那天不是什么特别的日子，你大概不会记得了吧。

那么你还记得今年过年去了哪里吗？在那里吃了什么、买了什么、玩了什么，你都还记得吗？

或许后者更容易回答。

我想说的是，**人并不会记得所有的事情**，有记得的事情和忘记的事情。这也许理所当然，但为了让顾客成为回头客，从这个角度考虑问题非常重要。

比如，和初恋的第一次约会。

比如，学生时代在社团活动中每天为之拼命练习的最后一次大会。

比如，刚开始工作的时候被顾客表扬的只言片语。

对于这些，应该还是记忆犹新的吧。

这些都遵循记忆的规律。遵循规律就可以给顾客留下记忆，不遵循就不会留下记忆。如果顾客的记忆里没有这家店，就不会成为回头客。

"即使竭尽全力提供优质的服务，仅凭这些也无法让顾客明白我们的用心"，这是店长们要意识到的事实。

"初次约会""社团活动大会""顾客的赞美之词"是遵循"兴奋"和"现场感"等记忆规律的。

要想让顾客成为回头客，就必须遵循规律，用店里的"特色和优点"让顾客形成记忆联系。实际上，顾客的脑海中产生记忆，并非就能切实形成记忆联系。但是，如果你用合理的方法下点功夫，就会切实提高这种可能性。

为了让顾客形成记忆联系，需要掌握 7 个规律。

这些规律并非我发现的，而是我从专门从事记忆研究的东京大学研究生院教授池谷裕二老师的一本书中学习到的，我作为促销专家，把书中的内容重新总结一下，应用在了店铺运营上。

在介绍这 7 个原理之前，请允许我对池谷老师的书做一些引用。

池谷老师的著作中有一本叫《增强记忆力》（讲谈社 Blue backs）的书。这本书的主题是加强自己的记忆力，对生意人也有帮助。

◎ "把**何时、何地、看到的、听到的、感受到**的信息材料综合串联起来，形成'经验'记忆。这些经验正是'情景记忆'"

◎ "记忆还有一个不能忘记的特性，就是'联想学习'。我们在记东西的时候，常常会**与某个东西关联起来形成记忆**"

◎ "平时记不住的小事，**一旦结合了情感，就会记住**"

◎ "大脑在不断失败中会形成记忆。因此，**失败的次数越多，越能强化记忆**"

把这些观点应用在生意人的经营中，就成了"让顾客记住商家的方法"。

基于这些记忆的性质，我总结出了在店铺促销中可以灵活运用的 7 个规律：

①**关联**

②**聚焦**

③**重复**

④**感情**

⑤**冲击**

⑥**现场感**

⑦**参与**

商家根据这些规律向顾客提供店里的信息，就可能提高给顾客留下记忆的可能性。毫不过分地说，能否对努力提供的服务和倾心打造的商品产生帮助，全依赖于有没有应用这些规律。

另外，不要依靠单一规律，而是要把它们**组合起来，这样才会变得更强**。

在店里，能够让顾客形成"记忆联系"的场景大致分为两种。一种是写在菜单、主页或促销工具上的内容，另一种是顾客在店内的实际体验。

如何应用这 7 种规律？我接下来将分别在本章的 PART 1 和 PART 2 两种场景中进行介绍。

首先从如何表述开始。请尽快重新查看一下自家菜单和主页上的用语。

PART 1

让"含糊的表述"变具体，
使之形成记忆

1 不要说废话

先从让顾客形成记忆联系的"表达方式"讲起。

例如，只要稍微改变一下菜单、主页、广告单上的措辞，就会提高形成顾客记忆联系的可能性。只要想做，就能马上实施。在回忆自家店内用语的同时，请一定把下面的内容读下去。可能会出现你想改变的内容。

在每天的生活中，我们都会使用语言。

当然，语言在做生意时也是不可或缺的。

◎向顾客寒暄的时候

◎接受顾客点单的时候

◎为顾客带路的时候

◎向顾客提供商品和服务的时候

◎在菜单上

◎在网页上

◎在广告单上

◎在简讯上

等等，整个店里都充满了"语言"。

如果在顾客周围胡乱地使用这些语言，就不会给顾客留下记忆。只要在措辞上稍下功夫，就会显著提高让顾客形成记忆联系的可能性。

在宣传店铺或商品"特色和优点"的时候，正确的语言是不可或缺的。

可能你会认为"我们的商品，只要体验一次，顾客就能明白它的好"，但实际上，即使是有强大竞争力的商品，也需要用语言来美化，这样可以进一步加强顾客对它的记忆。

例如，你不会在商品的名称上使用"炸鸡""芝士蛋糕""5000 日元的宴会套餐""圣诞节套装""学生发型"之类的词汇吧?

又比如在解释商品时，也不会使用"是非常好吃的商品""用严选的食材制作的""是讲究的珍品"之类的措辞吧？

因为使用这样的语言，无法体现出商品的竞争力。好不容易想出方案给顾客看，表达出来时一定要让顾客牢牢记住才行。

使用语言要宣传的是"特色"和"优点"。那么如何传达它们才好呢？我将在第 2 章 PART1 这部分来做介绍。

② 要在商品名字中注入灵魂

孩子出生后，父母都会绞尽脑汁地给他们取名字。

我家有两个儿子，分别叫"碧"和"琥珀"。

大儿子名字中的"碧"，可以分解成汉字的"王""白""石"。"白石之王"给我的印象是钻石。我的想法是，原石虽然不会发光，但通过不断地打磨它，并且是持续不断地打磨它，就会闪耀出无与伦比的光辉。

二儿子的名字"琥珀"中，和大儿子的名字一样包含了"王"和"白"。琥珀的读音"kohaku"也是"宝石"的意思。我希望他像千万年才能形成的琥珀一样，能够和时间一起成长。

"琥珀"分解成汉字的"虎""王"和"白",意指"白虎之王",也包含着中国传说中的神兽——白虎的意思。

这仅仅是我家的例子,但是哪有父母不对自己的孩子满含想法和期望的呢?我们都是满怀期望地想让孩子成为这样或那样的人,来给孩子起名字的吧。

那么,就像在孩子的名字里包含父母的想法一样,我们也**会在商品名称里包含自己的想法**吧。没有自己想法的名称,就不能传达出商品的优点。

如果商品是上述的"炸鸡""芝士蛋糕""5000 日元的宴会套餐""圣诞节套装""学生发型"之类的名称,商家就不能向第一次来的顾客传达自己的想法是什么、讲究的是什么。

因为这些都是"一般名词"。**很多店都会使用这样的名称。这样是传达不出自己对自家商品的真正想法的**。

如果你对商品本身有想法,还请在名称中表达出来。

即使商品名称很一般,但只要你稍微添加一些说明,就能将想法更好地传达给顾客。

下面这些商品名称怎么样呢?

┌───┐
│ **给商品取名的语言模式**   │
│   │
│ ● 说明外观和形状   │
│   │
│ ● 说明使用的材料   │
│   │
│ ● 说明材料的产地   │
│   │
│ ● 说明制作和生产的方法   │
│   │
│ ● 说明顾客的感觉   │
│   │
│ ● 说明顾客的用后感   │
│   │
│ ● 说明制作者和生产者的情况   │
│   │
│ ● 说明商品诞生的故事背景   │
│   │
│ ● 说明用途   │
└───┘

"宫崎县、雾岛炸鸡""腌制 36 小时的炸鸡""手掌那么大的炸鸡""可以走着吃的棒状炸鸡""啤酒伴侣、微辣的炸鸡"

"纽约芝士蛋糕""三层浓厚芝士蛋糕""马斯卡彭奶酪的清爽芝士蛋糕""Nancy 阿姨的芝士蛋糕"

怎么样？比起单纯的"炸鸡""芝士蛋糕"，更能**聚焦**它的特点，更能具体展现它们的形象吧。

不过请注意，如果商品名称太长，顾客会不好点单。

在商品名称上加哪些说明才好呢？请参考上面的一览表。要让自己特别想推荐的商品的名称中包含自己的想法，以让顾客记住。

 为了让顾客知道这是什么商品，要在商品名称上添加说明

3 不要使用"好吃""讲究"等字眼！

用词要有方向和落脚点

想象一下如下情况。

你在第一次去的车站寻找某幢大楼。但由于是第一次来，你不知道方向。没有办法，你问了一位过路的男士。

"不好意思，请问你知道这附近的真喜屋大楼吗？"

"啊，真喜屋大楼啊，我知道！离这里很近！"

男士说完这话就走了。

这样你还是不知道。他只说"很近"是不能引导你到达那幢大楼的。你也许还会觉得那位男士不热情。

这次你向一位女士询问。

"真喜屋大楼啊，我知道。就在那边！"

这位女士用手轻轻地指了指方向就走了。

你暂时知道了方向，但还是不确定能不能到达目的地。

最后你问了一位戴眼镜的年轻人。

"真喜屋大楼啊，我知道。请沿着这条路直走，在第二个红绿灯右转。就能看到左前方有家便利店，那里就是真喜屋大楼。"

他讲得如此仔细，你就能找到了。

我想借这个例子告诉你，**使用语言时要加上"方向（角度）"和"目的地（落脚点）"**。

刚才对指路的说明，相当于对一家烧烤店料理的说明。

如果是第一位，那位不热情的男士，他只会说"好吃"。

如果是第二位，那位粗心的女士，她会说"都是用十分讲究的土鸡"。

如果是第三位，那位细心的年轻人，他会说"都是养了120天，比普通鸡多活两倍时间的山鸡，所以味道浓郁"。

哪个说明最能体现商品的形象呢？

是第三个年轻人的说明吧。

实际上，很多商家采用的都是那位不热情的男士的表达方式。

"是非常好吃的商品"

"用严选的食材制成的"

"是讲究的珍品"

很遗憾，即使是有讲究的商品，这样的表达是完全不能传达给顾客的。所以，**要把自己手写的信息，认真且具体地传达给顾客**。

因此，用词要有"方向"和"落脚点"。

"好吃""讲究""严选"之类的字眼似乎让人觉得有深度，但没有方向。即使听到"非常好吃"这个词，听的人也只会认为说的人觉得"好吃"，他还是不知道到底是什么味道。

语言的角度是指你所传达的语言让**听的人可以往什么方向去想象**。

例如，听到"又辣又好吃"这个词的人，可以朝着"辣"的方向理解，这比只说"好吃"让人印象深刻。因为"好吃"没有方向，而"辣"有方向。

但是，只有"辣"这个方向，顾客还是不明白到底是哪种程度的辣。如果你在这里加上"用了比平时多十倍的辣椒"这样的说明，就会更容易给人留下印象。像这样**在方向上加入具体的说明**，语言就有了"落脚点"。

如果说"非常舒服的按摩"，别人不是很清楚到底怎样舒服。如果说"身体暖暖的很舒服"，别人就能知道方向。如果进一步说"虽然只按摩了脚，结束 5 分钟后前胸和后背也会出汗"，这给人的印象就更加具体。这就是落脚点。

要像这样将语言和印象联系在一起，给听的人具体的形象。

 要在语言中加上角度和落脚点

 4 要使用引起顾客关注的语言

如果突然问接下来的两个问题，你比较想知道哪一个?

◎住在斯里兰卡的 40 岁男性对自己太太隐藏的秘密
◎你的太太（丈夫、恋人、朋友）对你隐藏的秘密

显然是后者吧。

谁都想知道"别人隐藏的秘密"。但是想的程度完全不一样。后者更**能引起你的关注**，所以很想知道。

从原宿的竹下大街稍微往里面走一点，有一家叫"θ标记"的店，属于用 θ 脑电波治疗心病的行业，一般很难解释，不懂的人很难理解。

即使说了"θ波""治疗心病"这些词，一般人也不清楚具体什么意思。因为这些词不能引起大多数人的关注。

而这家店，虽然首先在强调"θ标记"这个词，但对此动了点脑筋。

他们想出了"基于脑科学创造未来"这句广告语。

因为脑科学工作者在电视上越来越活跃，所以"脑科学"这个词离我们近了起来。"θ标记"店原本就是根据脑科学提供服务的，解释清楚这些，就可以引起顾客的关注了。

还有一个能引起对方关注的事例。

看电视的时候，如果知道某个演员和自己毕业于同一所高中，你会有什么反应呢？如果他毕业于其他高中，你肯定会毫不在意电视上播过去的信息，但如果他和你是同一所高中的，你就会有反应。这是因为，那所高中在你心里意义非凡。

一家位于千叶县的补习班就是通过灵活运用一些引起他人关注的应季语言，在招生中取得了成功。一到临近暑假结束的时候，小学生就会留意一件事。没错，就是作业。书面作业和自由命题都需要完成。这个补习班就会趁机推出课程帮助他们完成"学校的自由命题"，并开展一些理科试验活动，于是这家补习班大获成功。这是因为，这家补习班季节性地引起了学生父母的关注。

能引起顾客关注的词汇如下：

◎**喜欢**的事（喜欢的技能、兴趣等）

◎因**自卑**而留意的事（减肥等）

◎**迫切需要**的事（快要用完的化妆品和洗涤剂等）

◎**最近成为话题**的事（在电视和杂志上经常听到、看到的词汇等）

◎**应季**的事（暑假作业、花粉症等）

◎**曾经经历过**的事（出生地、东日本大地震等）

◎**社区附近**的事（附近的公园和店铺等）

也就是说，能引起顾客关注的词汇，往往是顾客已知信息中的词汇，顾客不必重新记忆。商家只需要把这些词汇和自己**关联**在一起就可以了。这样很容易让顾客形成记忆。

各位商家的顾客会关注哪些词汇呢？请想象一下自己顾客的情况，试着寻找一下相应的用语。

 Switch　要使用引起顾客关注的语言

5 措辞要接地气

请读一读下面这段说明。

"从横滨市 JR 关内站北检票口出来，穿过人行横道，有一家拉面店叫日高屋"

这样说明的话，这家拉面店在日本就被缩小到只有一家的范围，看到的人都会到这家店。因为这句话很**接地气**。

如果偏要进行故弄玄虚的说明，如下：

"一家位于横滨的美味拉面店""车站附近的拉面店"。虽然顾客能大致明白，但不知道具体在哪里。顾客听到这样的说明，不一定会到这家店吧。

使用"接地气的词汇"，就是用词要**与实际存在的场所或事物有关联**。这样既能让顾客容易弄清楚地名和人物，也可以联想到店内实际在做的事。

比方说"土鸡"。即使告诉顾客是"有讲究的土鸡"，顾客也不是很明白，但如果说"萨摩土鸡"或"名古屋交趾鸡"，就成了接地气的用语。顾客可以由此知道产地。即使不知道实际饲养地，只知道地名，顾客也会更容易接受。

再比方说"躯干训练"。即使说了"躯干训练"这个词，顾客也可能会犹豫不决。但当听到"足球运动员长友进行的那种训练"时，就会增加他们对"躯干训练"的信任。

此外，再拿"自制汤"来说。只说是"费工费时精心熬制的汤"就太模糊了，不是很清楚。但如果说"用30只鸡的头和腿焖煮6小时，使水位下降了一半左右的汤"，就能让顾客想象到这种自制汤是怎么熬制出来的，也更容易接受它。

像这样把说明与"客观存在的事和物"关联在一起，就容易给顾客留下记忆。顾客即使不知道具体情况，也能够想象出它是客观存在的东西。此外，如果是在店里实际进行的操作，顾客也能想象出它的情形。因为这样一来，**顾客已知的知识和想象得出的情形会产生联系，所以容易留下记忆**。

在商家告诉顾客地域性这一点上，即使使用了接地气的措辞，根据接收人群不同，理解程度也会不同。

比方说"在日本"这个词。对住在国外的人来说是很好理解的，但是住在日本的人就会觉得不知所云。不妨改成"在神奈川县"试一试。这对于住在其他县的人来说，也许能感受到地域性，但对于住在神奈川县的人来说，范围还是太大了。如果说成"在横滨"，范围就相当小了，但对于横滨市民来说，范围还是太大。

特别是在社区附近的商家，最好把范围解释得再小些。如果你说成"在唐泽公园附近"，住在那个地方的人就能清楚地知道在哪里。反过来也请注意，范围划分得太小也会导致很多人不知道。

考虑到自家店的顾客层，怎样表达才能打动顾客？ 请结合顾客已知的知识，去找一找能够得到顾客信赖和接受的"接地气的措辞"到底有哪些。

 要表达出客观存在的事物、地名、人名，以及实际进行的操作

⑥ 数字是共通的标准 开关 11

"宫市跑得真快啊"。

即使这么说，我们也不知道宫市是在班里跑得最快，还是在全日本跑得最快。但是如果听到：

"宫市跑得很快，5 秒能跑 50 米"，

大家就会知道他跑得非常快。

用数字表示就方便多了。

"已经卖完 100 万部"比"大卖"更让人印象深刻。

"每天能卖 50 个的商品"比"大受欢迎的商品"给人的印象更具体。"花 8 个小时慢慢熬制的汤"比"慢慢熬制的汤"更让人印象深刻。

像这样用数字来表达的话，就会成为**所有人的共识**，而不是个人的感觉。

数字虽然有表达能力，但仅使用数字也是危险的。

例如，下面的说明反而会让人不明白。

"这本书，长 18.8 厘米，宽 12.8 厘米，厚 1.5 厘米，重 270 克。价格 1400 日元，加上消费税是 1470 日元。全书总共 224 页，平均一页的价格是 6.6 日元。全书大概有 8 万字，平均每个字的价格是 0.02 日元。"

不能说这样是错的，反倒很正确。但看到的人会不明所以。这是因为在不重要的事项上使用了数字。虽然数字的表达能力很强，但使用过多会适得其反。数字要只使用在表示特征的地方以及你想传达的部分上，这样读者才会注意到这些数字。

另外，数字不仅能用来表达，还有不同的表达技巧。

要说大事或有分量的事情时，你最好使用大数字的单位。

功能饮料中的"牛磺酸 1000 毫克"就是一个很好的例子。1000 毫克等于 1 克。但是，比起 1 克，1000 毫克更能给人"很多"的印象。

另外，从一开始就使用比较大的单位也是一种方法。

例如，"体重 100 公斤的男人"和"重 0.1 吨的铁球"相比，"0.1 吨"会让人觉得更重。因为虽然数字本身很小，但用了"吨"这样的单位就会让人觉得很重。

为了表示大数字，使用加法也是一种方法。

比如，与其说"1 天减肥 50 克"，不如说"1 个月减肥 1500 克"更让人觉得有效果。

与加法相对的是减法。在表达费用和卡路里时，要往小了说。在这种情况下，应该用小数字来表示。

例如，"1 包 1000 日元的咖啡豆"换成"每杯 19 日元"，"1 个月 3980 日元的通信费"换成"每天 130 日元"，"一袋 480 卡的健康食品"换成"一天只有 30 卡"。这样就会让人有"很少"的感觉。

另外，细化数字有时更能增加真实感。比如马拉松不要写"42 公里"，一定要写成"42.195 公里"。

正好符合"百""千""万"的数字，总会给人一种"大致"的感觉。要想表现出真实感，就要考虑是否需要通过细化数字来表达。

数字在文字中也是特别的存在。一定要充分利用它的表现力。

 Switch 要使用恰当的数字来表达自己想说的特征

7 营造立体感的 3 种方法：

宽度、深度、维度 开关 **12**

比起只看一面，稍微转变一下视角，从侧面或上面看，就更能立体地、清楚地把握事物整体。

即使看同样的东西，如果人们看到的地方不同，或者只看了一个小地方，也会看成是别的东西，无法充分理解。对于商家的商品和服务来说也是一样的。

要想立体地向顾客进行说明，就要从

◎扩大**宽度**

◎显示**高度、深度**

◎显示**维度**

这 3 个方面来表达。

我们来分别看一下这几点。首先是扩大**"宽度"**的方法。

你知道"nuchima-su"（意为"生命之盐"）这种盐吧？它是冲绳产的一种非常好吃的盐。

首先，我们试着无立体感地说明这种盐。

"是盐""非常好吃的盐""是冲绳特制盐"

这些说明都没错，但是没有立体感。我们扩大一下表达它的宽度。扩大宽度的时候要表现它的"特征"。

"nuchima-su"的特征之一是它的盐分浓度。据说，"nuchi-ma-su"的盐分是 73%，剩下的 27% 是矿物质。我虽然在尝试用数字，但仅用这样简单的数字不容易将信息传达清楚，因为大家不太明白这些数字的含义。如果在这里提出比较对象，大家就能明白其中的含义了。

通常的食用盐，有 99% 以上的盐分，矿物质含量不足 1%。

与之相比，"nuchima-su"的矿物质含量为 27%。相比就能知道"nuchima-su"的矿物质含量有多高了。

通过对比不同事物的特征来给顾客留下印象的商品，还有以下事例。

发端于名古屋的人气咖啡店——口美达咖啡店有一款商品叫"白与黑"，就是在热面包上放冰淇淋。名字中用"白＝冰淇淋"和"黑＝烤好的面包"的对比，表达了温度以及外观颜色的反差。

设定好比较对象后，可以进行左右比较，以产生宽度。于是特征就会显现出来。比较的宽度越宽，特征越突出。

以下事项可以作为比较对象：

◎**一般的东西**

◎**该类别中最有名的东西**

◎**平均值**

◎**至今为止的最大值、最小值**

◎**历史上的东西**

◎**过去的商品（对比本公司）**

◎具有对比特征的东西

要想表现商品特征，就要去寻找能与之比较的东西。

表现立体感的第二个方面是**"高度、深度"**。
我们同样以"nuchima-su"为例进行说明。
"nuchima-su"的特征是矿物质含量达27%之多。

要想让它成为更令人信服的信息，就要介绍它产生这个特征的原因和经过。

下面这段文字，我引用自"nuchima-su"股份有限公司的主页。我们来读读看。

"拥有在世界9个国家取得专利的'常温瞬间空中结晶制盐法'，将海水喷成雾状，经暖风吹拂，只蒸发水分，矿物质成分全部瞬间结晶，通过这种专利制法可以将宝贵的极微量矿物质保留在盐中，能结晶出海水中含有的所有矿物质。"

如果像这样说明**特征产生的原因**，就会增加顾客对产品的信赖和接受程度。

如果仅是表达特征，听起来就好像是销售人员的推销术，但如果充分告诉顾客这个特征产生的原因，就能让他们接受这个特征了。

"一盘炖牛舌，特征是又厚又软。这是因为主厨炖了 8 个小时。"

"一副眼镜架，特征是既轻便又结实。这是因为它使用了和飞机一样的材料。"

"一款洗涤剂，特征是能轻易洗掉污渍。这是因为它有深入纤维内进行纳米清洗的效果。"

通过解释原因来**关联**"特征"的相关知识，也是让顾客建立记忆联系的重要方法。原因会让特征有深度。

为了显示深度，不仅可以通过解释产生某个特征的原因，还可以通过讲述这个特征是**怎样诞生的**。

比如，再看一次 33 页介绍"救命汤"的 POP。听到一位常来的老奶奶说喝这个汤很开心后，店长非常感动，于是就把这种汤做成了一款常规商品。也就是说，商品的诞生经过和开发前的辛苦经历也可以加深信息的深度。

另外，**诉说历史**也可以显示深度。

比如,"从江户时代开始代代相传的鳗鱼调料汁"这句话就很有历史感,能让人感受到深度。即使没有这么悠久的历史,"创业 20 年""发酵 1000 天""试制 100 多次"等信息也是历史。

关联历史中实际存在的人物或事件也会显示深度。

比如,"坂本龙马喜欢用的""德川家专用的"等。如果有这种事实,商品就会变得有深度。

这些宝贵的特征,是想获得顾客"的确如此"的认可。能显示特征深度的要素如下:

◎ **特征产生的原因**

◎ **特征诞生的经过**

◎ **商品或商家的历史**

◎ **和实际历史有关联**

要让商品的特征值得信赖和被认可。

表现立体感的第三个方面是**"维度"**。

埃及的金字塔,无论谁从哪个方向看都是金字塔。不会因为看的人不同而发生变化。但是,从不同的位置看,观感就会发生变化。在地上看是三角形,从直升飞机上看是四方形。

同样的，罐装果汁从侧面看是四方形，从上面看是圆形。

地球，日常生活中给人的感觉是平面的，但从宇宙中看是一个球体。

不单单从一个视角，而是从两个或三个视角看，事物就会更有立体感，我们对它的理解也会更准确。

不只是金字塔和罐装果汁。对于商家发出的信息，也同样适用。增加视角能立体地理解事物。

比如，对自己店引以为傲的店长会说："我们店非常棒，超级好吃。"这是自吹自擂，不会真正有底气，这是人的普遍心理。但是，如果听到路过店前的人说"啊，这就是○○店，这里非常好吃"，店长就会有底气多了。

前面讲述的"nuchima-su"盐从 2006 年起就连续获得世界品质评鉴大会（Monde Selection）金奖。2000 年 2 月，它还被吉尼斯世界纪录大全认定为"富含 14 种矿物质的世界第一盐"。现在依然在刷新纪录，已经有 21 种矿物质了。此外，其特殊的制造方法已经在世界 9 个国家获得了专利。

听到这里，可以毫无疑问地说，它是"被世界认可的盐"。

商家再怎么努力宣传商品的优点，顾客也不会给予多少信任。但是，如果由第三方来证明它的优点，顾客就很容易相信。因为顾客与第三方没有利害关系，可以安心地相信第三方。

从这个意义上来说，"顾客的声音"是强有力的支撑，不只是顾客，之前提到的世界品质评鉴大会等**权威机构**的力量也很强大。

虽然第三方的意见比卖方的意见更容易让人相信，但其分量会因人而异。

一个平时不怎么挑剔饮食的人推荐说"好吃"，和一个吃过全国一万家拉面店的拉面行家推荐说"好吃"，两者的分量是不同的。这是谁的意见？顾客会怎么看待这个意见？商家要想着把这些问题表达出来。

能显示出维度的第三方意见，出自以下类型：

◎**顾客的声音**

◎**团体或机构**

◎**有权威的人和机构**

◎让顾客心仪的数量（销售量）

来自第三方视角的信息，可以增加信息的维度。这些信息可以传达出商家没有充分表达的部分，也更容易让顾客信任。

像这样，把这3个要素关联起来，更容易给顾客留下印象。

> Switch ⟩ 要灵活使用加强表达的"显示立体感的3个要素"

8 要坚持"不做什么"，而不是"去做什么" 开关 13

从前，织田信长的家臣中有个叫柴田胜家的武将。他有这样一件逸事。

敌人攻打胜家城池的时候，截断了城外的水源。城内只剩下了水缸里的水，而胜家却打破了水缸。他斩断了退路，提高了士气，最终在战争中取得了胜利（这个故事很有名，不知道属不属实）。

如果想着"失败了还有下一次"，内心就会给自己找退路。与其这样，不如像胜家那样自断退路，硬着头皮去干。

这对商家的"操守"来说也是同样。"操守"是商家的意

志。大致分为两种表达方式：一种是宣称"要做某事"，另一种
是宣称"不做某事"。

如果问这两种模式哪种更需要强烈的意志，当然是"不
做某事"。

即使宣称"坚持手工制作"，也仍然留有退路。因为即使不
是从头开始手工制作商品，而是仅把一些成品组合起来在店里
完成制作，也可以叫做"手工制作"。

但是，如果宣称"不使用任何化学调味料"，就没有退
路了。

"稍微放一点"也不行。**宣称"不做某事"，就必须要有坚
定的意志**。这样才会对顾客有**冲击力**，也容易把商家坚定的意
志传递出去。

门前仲町有一家叫"小铁"的烤鸡串店，它的菜单上有一
页"小铁三禁"宣言，以"不做某事"的方式讲了 3 个坚持。

【小铁三禁】

懈怠——这样就不能做出好东西

化学调味料——虽然很多人可以接受，但是在意口味的人
接受不了

哭泣——说出来就输了。在说"做不到"之前，先去思考如何实现

怎么样？读了这些之后，就能知晓这家店的操守了吧。

宣称"不做某事"，就会自断退路，所以要有思想准备。这样才能让顾客感受到店老板的强烈意志。

Switch〉**要用"不做某事"的方式表达出商家的操守**

PART 2

让 "店内体验" 与
体感记忆相关联

1 因 "体验" 产生的情景记忆会一直留下来

除了 "措辞", **"店内体验"** 也会让顾客形成记忆联系。

事实上, "店内体验" 比语言更有影响力。如果在这上面想办法, 会成为强有力的促销。在这里, 请允许我再引用一下专门从事记忆研究的池谷裕二老师的著作《增强记忆力》中的内容:

◎ "如果现在问大家, 过去的事情中具体还记得什么, 你会想起什么呢? (中间省略) 我想, 一般情况下, 是**何时何地做了什么**等, 与自己过去的经验相关的事, 这些才称得上记忆。我把这样的记忆称为 **'情景记忆'** 。"

◎ "情景记忆总是伴随着你自己的经验, 而且你会有意识地**随时回忆起来**。"

也就是说，基于体验的记忆叫作"情景记忆"。

换言之，人们可以有意识唤起的记忆就是所谓的"情景记忆"。

所以说，商家在发送 DM 等信息的时候，让顾客想起来的主要就是"情景记忆"。

因为"何时、何地、做了什么"是"情景记忆"，所以比起用工具传达语言，让顾客在店内体验一下会更有效果。

说得极端一点，顾客在店内的体验是情景，当然在店外的体验也是情景。顾客每天都在体验大量情景，要把自家店的情景留在他们的记忆中，就不能只是让他们来体验，还要让他们根据记忆的规律来体验。

这样做就会大大提高顾客建立记忆联系的可能性。

让店里的"特色和优点"留在顾客的记忆中，就会建立起"记忆联系"。为此，我给大家介绍一下便于商家下功夫的 7 个技巧。

它包括刺激**五感（眼、耳、鼻、口、皮肤）**的技巧和让顾客注入**感情**的技巧。能进一步加强五官和情感的体验记忆的**实**

感技巧也很有效。

只是单纯刺激顾客的五感是不够的，商家还要在传达店的"特色和优点"的同时，制造与众不同的刺激。

要想让顾客注入感情，商家就需要创造出产生感情的构想。

另外，不要单独使用这些技巧，而是要结合起来使用，这样才更容易让顾客形成记忆联系。我们在围绕一个技巧进行思考的时候，即使不刻意去想，很多情况下也会自然而然地把它和其他几个技巧结合起来。我接下来要介绍的事例也是这样。虽然是一个一个地介绍，但其实与其他技巧相关联。

我首先从刺激五感的技巧开始讲起，先说一说简单易懂的"视觉"。

2 要用"视觉"打造冲击力 开关 14

在位于船桥市一家名叫"yamato"的烤肉店，有一道令人惊讶的烤肉料理。这种烤肉，肉块非常大，可以从烤肉网的一端铺到另一端，连网眼上都是肉。据说肉的切法叫钻石切，相当有视觉冲击力。

店家这样切肉确实有它的道理。把肉切成网状，肉的表面积就会增加好几倍，咬下去的瞬间，会溢出大量肉汁，给人多汁的感觉。

和普通的烤肉相比，这种烤肉看上去非常大，形状见所未见，很有**冲击力**。

在这种情况下，比起用语言说明一通，视觉更加让人记忆深刻。有一句话叫"百闻不如一见"，这种视觉效果非常震撼。

布拉德普（A. K. Pradeep）在《买入性头脑：对下意识顾客进行销售的秘密》①一书中说：**"人脑的 25%到 50%用于处理视觉信息。"** 而且，**"人体感官的 70%左右集中在眼睛上。"** 由此可知，眼睛看到的信息量是多么巨大。

这样看来，尽可能利用视觉带来的冲击力，更能让顾客形成记忆联系。

话虽如此，仅是有冲击力的视觉就足够了吗？并非如此。

---

① 本书英文原名为：*The Buying Brain：Secrets for Selling to the Subconscious Mind*，日文译为：マーケターの知らない「95%」：消費者の「買いたい！」を作り出す実践脳科学。——译者注

例如，把烤肉切得像"荞麦面"一样细长，像焯荞麦面一样焯一下，然后蘸着调料吃，这样的商品会怎么样呢？虽然看起来很有冲击力，但未必好吃。商品的形状有价值才会给顾客留下印象，没有价值的外表不会给商品加分。

只有传递商家或商品的"特色和优点"才能让顾客建立起"记忆联系"。

在一家叫"口福堂"的日式点心店门前，有一些有趣的展品。这些展品是用大量"豆沙馅"做成的"大面包超人"脸的形状的点心。这是日式点心店才有的做法，即使烤肉店把肉制作成面包超人脸的形状，也不容易让人觉得有价值，但日式点心店这样做就有价值。

另外，也有大量使用某种东西使之产生冲击力的类型。用一个灯泡来装饰彩灯，不容易让人有所感触，如果用几万个灯泡来装饰，就会让人感到震撼。拥有绝对大的量也是一个关键点。

营造视觉冲击力的要素如下：

◎大小（非常大或非常小）

◎**与众不同的形状**

◎**特定角色或动物的形状**

◎**不同的颜色**

◎**统一性**

◎**绝对大的量**

另外，应用"动态画面"也会带来"视觉冲击力"，它是一种给顾客留下动态记忆的方法。

比如，与看烟花的绘画和照片相比，实际去看灿烂盛放的动态烟花更能让人感受到它的美丽。再比如学校音乐教室里，如果贝多芬的肖像画的眼睛突然动起来，其冲击力可想而知。

在一家叫"面影屋"的咖啡店，服务生会把冲泡咖啡的咖啡壶拿到餐桌上来，在顾客面前往杯子里倒水。咖啡咕噜咕噜倒进去的动作有一种**现场感**，会让顾客印象深刻。

此外，有一家意大利餐厅，先把与双肩差不多宽的帕尔马干酪拿到顾客桌前，再放入煮好的意大利面，这也是让顾客印象深刻的做法。

用动态画面给顾客留下记忆，包括以下要素：

◎其他店没有的动作

◎在顾客面前进行的动作

◎为每一位或者每一桌顾客单独进行的动作

这里有一点要注意。如果单纯以制造视觉冲击力为目的，可能会偏离店里的"特色和优点"。所以请想办法有意识地去传达店里的"特色和优点"。

 要制造出有价值的视觉冲击力

 要让顾客做一些特别的动作

下面 3 个例子是我个人的感想和记忆，相信有不少人也有同感。

动感、爽滑、Q 弹，这是把布丁倒进盘子里弹动的感觉，这种感觉会给人留下记忆。我最近的确没有往盘子里倒过布丁，但清晰地记着那种感觉。

第二个例子是"干裂的干酪"。这种干酪大块儿吃，没有掰碎好吃。沿着它的边用手指掰碎，它就变成了细细的线条状。这种感觉也会给人留下清晰的记忆。

最后一个例子是经典商品——巧克力海螺面包，这种面包的吃法是从螺旋的尾部开始吃。因为先把巧克力奶油吃掉的话太可惜了，所以我都是把巧克力奶油挤到头部吃。这样一来，最后吃到头部，有一种巧克力奶油快要从面包里溢出来的感觉。所以会让人感觉非常满足。

这些都是我个人的经历和记忆，所以可能会有人觉得"奇怪"，不过无所谓。在这里我想说的是，这些都是我对商品的一种**亲自动手体验、亲自参与过的经历**，所以印象深刻。

让顾客动手体验从而形成记忆联系的要点如下：

◎要让顾客做出平时不做的动作。要有与其他商品、其他店铺不同的动手体验
◎要通过让顾客亲自动手，使商品发生一些变化

具备这些要素，就很容易让顾客形成记忆联系。

在我以前做店长的那家店，我们把所有商品都放在玻璃柜里，然后在顾客的殷切期盼中，让他们自己动手取出来放在手上。

因为在玻璃柜里，所以在特地请店员帮忙取出来之前，顾客只能看着，为此我做了些改变，试着在玻璃柜外面放个小筐，并在里面放几个小商品。筐里的商品，顾客可以随意触碰。虽然这些商品没有卖出去，但延长了顾客在店里停留的时间，为店员和顾客的交流制造了机会。

这也是动手体验的效果之一。原来，顾客作为被动方只能隔着玻璃柜看，现在可以亲自动手触碰商品，这很容易让顾客的视觉和触觉**关联起来**，从而形成记忆联系。

神田有一家名叫"创意餐权之助"的店，据说顾客可以自己开香槟，就像在 F1 大奖赛表彰大会上那样。既是少有的体验，又没有合适的场所做这件事，所以会给人留下记忆，值得一去。

想让顾客动手体验并留下印象，要从以下观点进行思考：

◎**让顾客做与众不同的动作（与其他店不同、不循常规）**
◎**让顾客动手制造某些变化**
◎**让顾客注入感情**

加入这些要素，就很容易让顾客形成记忆联系。

另外，与其让顾客在不知不觉中动手，不如有意识地让顾客"从现在开始动手"，这样更容易让他们形成记忆联系。因为这样会让顾客集中注意力。

 Switch 让顾客有意识地去做特别的动作

 要在体验中加入正面感情

体验中伴有感情，所以容易留下记忆。

例如，我们回想一下去附近拉面店的情形。

即使是一家很好吃的拉面店，如果经常去，也不会对其中某一次有特别深刻的印象。

但如果还是在那家拉面店，一进门就发现收银台旁边坐着自己喜欢的人，会怎么样呢？肯定高兴死了。这就会留下记忆，因为加入了"开心""心动"的感情。

感情包括"开心""快乐"等正面感情和"悲伤""愤怒"等负面感情。除了鬼屋之类的特殊地方，负面感情都不是顾客想要的。

顾客想要的是**"正面感情"**。你要想办法去激发顾客"开心""快乐""期待""心动""优越感""特殊感"之类的正面感情。

商家让顾客产生正面感情的方法如下：

一是让顾客产生"优越感、特殊感"的方法。比如叫得出常客的名字、记住他们的喜好等。另外还有单独照顾到每一位顾客的方法，比如准备一个写着顾客名字的生日蛋糕、附上手写的祝福语等。这样就会让他觉得自己"得到了比其他顾客更好的待遇"。虽然商家不可能为所有顾客都这么做，但可以为回头客这么做，这会让他们觉得有"优越感、特殊感"。

二是让顾客"开心"的方法。日本读卖乐园在夏天会有喷泉表演，舞者在舞台上跟着节拍跳舞，于是在场的所有人都会跟着舞者一同起舞。因为很多人一起参与，所以有一种"整体感"，能让人感受到"开心"。

三是让顾客"充满期待"的方法。餐饮店上菜的时候，会事先用银色圆顶盖把菜盖住。然后在顾客面前说"那么，我要打开了"，同时打开盖子。顾客会因为一直想着"里面装的是什么呢"而充满期待。

四是让顾客"心动"的方法。比如从嘎啦嘎啦转动的拨浪鼓抽签机中滚出了中奖的球。我当店长的时候，会定期举办这种活动，所有顾客都会对此充满期待。这种活动不是谁都可以参与的，只有顾客付完钱，或者购买了一定金额的商品，才给他们一张抽奖券，这会让他们倍感有价值。越能让顾客感受到价值，就越能提高他们的"心动"感。

这些方法是让顾客产生正面感情的方法，但是一定能有效果吗？我看未必。感情因人而异，不是能由商家控制的。商家能做的是**营造出让人容易产生正面感情的环境**。虽然这样做未必百分之百奏效，但肯定会提高顾客在体验中加入感情的可能性。

据说，**在大脑中，感情被保存在与一般记忆不同的地方**。如果让顾客在体验中加入感情，就可以将感情和他们已经具备的其他知识关联起来。

 要营造出让顾客容易产生正面感情的环境

5 要制造"意外" 开关 **17**

我们来猜个谜。

下图是神田一家名叫"GOHACHI"的日料店里放在餐桌上的一本书，它不是一本菜单。你觉得它是什么呢？看起来似乎与餐厅毫无关系。

正确答案请看下图。

其实，这不是一本书，而是一个做成书的形状的盒子，里面放着湿巾和汤匙等物品，想法很有趣。

本以为是一本书，却是一个容器，难道不觉得意外吗？所谓**意外**，就是有**冲击力**，并且会给人留下印象。

据说这个像书的形状的盒子，产生了很有趣的效果。当来过店的顾客带着新顾客来的时候，他得意地看着同伴寻找湿巾和汤匙的样子，会对他们解释说："就是这个哦。"

是的，人们**都想把意外告诉他人**。别人不知道的事情，只有自己知道，就会有"优越感"，并且容易成为话题。

在东京学艺大学车站附近一家名叫"Doopa"的美容美发店中，里面也有"意外"。

Doopa 是一家为顾客理发的店。但是，除了理发外，这家店还想让顾客发自内心地"感到开心"。

它的"意外"就是饮品。饮品数量有 20 种之多。

美容美发店提供饮品这种事，虽然其他店也有，但通常最多只有两三种左右。这家店竟有 20 种。这种做法不常见，很令人意外。

还有一个我在爱知县一家小酒馆当店长时的事例。我在员工中设置了一个特别的职位。它是只有一个人可以担任的特别职位，只有这个人可以穿星星图案的衬衫（其他员工穿的是素色衬衫）。

这个职位也被定名为"星星"。

普通员工一般负责招待顾客、接收点单信息、上菜等，各自的职责都是规定好的。"星星职位"的员工不用做这些规定的工作，而是负责让顾客开心，所以需要自己去思考具体做什么。从顾客的角度来看，因为只有这一个人穿着不同的制服，所以十分显眼。而且因为他会与顾客积极沟通，所以是一种意外的存在。

"意外"是一种超出一般人预想范围的存在。

因此，**即使你从一开始就想"制造意外的东西"，也有可能很难制造出来。** 你可以先从列举很多店里理所当然要做的事情开始。

拿之前的例子来说，"汤匙和湿巾是放在托盘上""美容院只是剪头发的""制服全员统一"等理所当然的事情，都在顾客的预想范围内。超出这些预想，就是意外。

谈到这里，我还想补充一下，制造"意外"的技巧虽然有强大的作用，但也有危险。如果过于离奇，会产生与店里"特色和优点"完全无关的东西。在让顾客形成记忆联系时，请不要忘记，要让顾客留下与店里"特色和优点"有关的记忆。

 要先思考顾客"预想的范围"，再去想办法超出他们的预想

6 要让顾客有掌控感

请想象一下，假设从自己的钱包中拿出 1 万日元去做国际支援。

下面两种方法中，哪一种能让你感觉更真实呢？

A：把 1 万日元捐给联合国儿童基金会（UNICEF），用于援助世界的某个地方。

B：用 1 万日元购买大量面包和牛奶，走访发展中国家，让饥饿的孩子们在自己眼前吃饱。

先不论这种行为对不对。毫无疑问，B 更有支援的实感。同样是 1 万日元的援助，但真实感程度不一样。A 捐献 1 万日元后，并不知道这些钱是被如何使用的。与之相比，B 可以亲眼目睹钱的去向。

如果**清楚地目睹到自己的行为所带来的影响**，就会产生自己**参与**的真实感。

比如，在拉面店的餐桌上经常会摆放大蒜和辣味调料。这也是顾客按照自己的喜好对店内做好的拉面进行掌控的行为。顾客的行为为商品带来了变化。

能带来影响的不只是商品。

在一家名为"Cold Stone Creamery"的冰淇淋店，收银台边放着一个盒子，如果顾客放入小费，店员就会唱歌。店员会对顾客的行为做出反应，从而带来影响。

所谓"掌控"，就是顾客做了某件事情后，情景会发生明显的变化。这样也容易让顾客形成记忆联系。

 要让顾客动手，使之创造某些改变

7 要事先告知顾客品尝要点

我之前介绍了"通过体验形成记忆联系的技巧"。如果商家能够做到这些，一定可以让顾客形成记忆联系。在本章的最后，我再介绍两个能进一步加深顾客体验记忆的技巧。

它们分别是"体验前"使用的技巧和"体验后"使用的技巧。

商家使用这两个技巧，顾客就会进一步加强伴有五感和感情的情景记忆。

接下来我具体说明一下。首先，**从体验前开启的技巧**开始讲起。

在顾客体验之前告诉顾客如何做，是有道理的。

如果事先告知，顾客就会把意识聚焦在某一点，虽然有的顾客可以真正集中注意力，有的顾客不那么留意，但他们至少会有这种意识。

如果不告诉顾客品尝料理的要点，顾客就会自由品尝。虽然不告诉顾客也无所谓，但那样发挥不了商品和店铺的"特色和优点"，顾客感到满意的可能性也会下降。要想让顾客感到"特色和优点"，就要让他们的意识集中于此，让他们去用心感受。

比如，在想让顾客感受商品"香味"的情况下，如果事先告诉顾客"这个甜品稍微加了一些格雷伯爵茶的香味"，顾客就会想去感受这个味道。如果店家什么都不说，那么有些顾客可以察觉到，而更多顾客是察觉不到的。

再比如，如果想让顾客感受商品的"口感"，当你事先告诉顾客"因为混合了糯米，所以嚼起来比较软糯"，顾客就会想去感受那种黏黏糯糯的感觉。

另外，在想要顾客感受"声音"的情况下，如果事先告诉顾客"当呲呲声变大后就可以吃了"，顾客就会把注意力集中在声音上。

像这样，把品尝要点事先告诉顾客，他们就可以把注意力**聚焦**在要点上。

为了能更好地向顾客传达店铺和商品的"特色和优点"，一定要事先告诉顾客品尝的要点。

 要在顾客体验前告知其品尝要点

 要让顾客说出感想

进一步加强体验记忆的第二个技巧，是**体验后使用的技巧**。这是在打动顾客后采取的极为有效的方法。

具体做法是让顾客说出体验的感想。

顾客在体验时，如果**好不容易有了感想，就要让他用语言表达出来**。顾客自己说出来，会进一步加强体验后的实感。

"参与"和"重复"能够大幅提高顾客留下记忆的可能性。

"θ标记"店就是一个很好的事例。

"θ标记"店会以生活辅导的形式与顾客面对面进行服务，这叫"会谈"（session）。会谈就是和顾客对话，所以顾客的大脑和内心都在活动，但没有任何真实感。因此，如果顾客事后忘记了，会谈的效果就会下降。于是"θ标记"店采取行动来加深记忆。

他们用到的东西是"θ标记纸"。

这种纸用来让顾客在会谈前后回答同样的问题，并让他们感受其中的变化。虽然问题相同，但顾客在会谈后给出的答案完全不同，所以顾客能真真切切感受到变化。在体验后写出自己的感想，也更能让顾客形成记忆联系。

但这只是在部分行业容易实施的事例，有些行业就很难让顾客做到这种程度。这是因为，对顾客来说，要他们特意写在纸上是一种负担。

因此，不太费事的方法更容易让顾客说出自己的感想。

例如，在对话过程中发问。这样比让顾客写下来，更能减轻顾客的负担。

但是，通过发问让顾客形成记忆联系，发问的方式要有要点。

像"你觉得如何"这样粗略的发问不太有效。对于"觉得如何"这种问题，大多数人的回答会是"很好""很好吃"。也许顾客真的这么认为，但也有很多人只是选择了不得罪人的回答方式而已。

我在"通过语言方式形成记忆联系"一节中也介绍过，"很好""好吃"等是没有方向的表述，模棱两可，含混不清。这不会让顾客形成记忆联系。好不容易让顾客发表感想，所以最好问得具体一点，这样也更能让顾客形成记忆联系。请想一下**怎么提问才能得到具体的回答**。

例如，如果是餐饮店，就要问顾客"我们店为了保留原材料的味道，采用了味道稍微清淡的调味方式，不知道咸淡如何"，这样不仅能让顾客回忆起这些料理，下次吃饭的时候也许还能有意识地到店里来。如果是按摩店，就要问顾客"觉得身体哪个部位得到了放松"，这样就能让顾客意识到按摩起作用的部位。

这样提问的话，顾客会**集中精神去想那个地方，更能起到重复的效果**，从而便于他们留下记忆。

Switch 要让顾客在体验后用具体的语言发表感想

第 3 章

用 "物" 形成物理联系
来加强记忆

1 顾客对商家的记忆要靠"物"来唤醒

学生时代，你听过哪些艺术家的什么曲子？长大后，再去听很久没有听过的曲子，当时的记忆会不会复苏呢？

走在路上，一看到中华料理店墙上的"已开始售冷面"的海报，你就会想到"夏天就要到了"吧。如果朋友突然对你说"上次谢谢了"，你会不会想起已经完全忘记的事情呢？

只要有契机就能触发回忆。

虽然平时不去想，但是有契机就能回忆起来，还可能清晰地想起细节。如果没有契机，那段记忆也许就不会苏醒。

我们周围充满着各种信息。每天都在接触新事物，过去的记忆就会被藏在深处，只要不需要，就不会特意想起。

从专业角度来看，有些记忆可能在潜意识中涌动着，但是我们生意人没有必要知道得这么详细。我们只要知道人在触发回忆时是"需要契机"的，就足够了。

我在前面介绍了让顾客形成记忆联系的方法。只要想方设法地去采取行动，就能让顾客形成记忆联系。

但是，好不容易想出的这些方法，如果没有"契机"，就不能唤醒顾客的回忆。更进一步说，如果不能唤醒顾客的回忆，顾客就不会再来了。

不要期望顾客会自动想起你们店。所以，店铺要通过宣传来提高唤醒顾客记忆的可能性。

让人想起某些事情的契机有以下几种模式。

回答问题时（来自耳朵的刺激）；经过店门前或附近时（来自眼睛的刺激）；感受到似曾相识的香气时（来自鼻子的刺激）。

这些刺激会唤醒记忆，但是商家控制不了，它们是顾客在生活中的偶遇。

商家营造的"回忆契机"必须是能让顾客实实在在想起来的东西。

那就是"物"。广告单、DM 或简讯之类的实实在在的东西。它们都有着让顾客产生回忆的强大力量。顾客看到店名或点单服务，就能回忆起来。

本章将介绍这种方法。

2 "物" 的作用

实际上，**记忆只有一个月的期限**。这是记住和忘记的分界点。

一个月内，**如果被认为"有保留价值"，就会留下记忆**。否则就会从记忆中消失。

那么，如何能让顾客认为有价值呢？

要有冲击力，使之与顾客的感情、各种信息关联起来。这一点在第 2 章中已经说过。另一个重要的做法就是**"重复"**。创造让人多次回忆的机会，大脑就会认为它有价值。

重复还会提高记忆的牢固程度。学生时代，英语单词也是通过反复翻看单词本的方式才记住的。只背一次是记不住的。

回忆的次数越多，顾客来店买东西的机会也就越多。

"物"是让顾客想起店铺的契机，也是让顾客重复回忆的工具。

是的，**"物"能不断与顾客形成联系**。

这在店铺运营方面非常重要。如果只有单次联系，一旦失败就会中断，几个月都不联系的话，彼此的联系就会消失。

商家和顾客的接触点包括"店内接触点"和"店外接触点"。

与店内相比，顾客在店外的时间占有绝对优势。**顾客在店内直接接触商品和服务的时间很短**。

所以，商家**在店外也要创造顾客接触店铺的机会，还要增加顾客回忆的次数**。在这里，"物"发挥着很大的作用。

"物"的作用大致分为两种类型。

一是用 DM 和手机电子杂志等**"商家向顾客主动宣传"**的类型。很多商家都这么做，所以很容易理解。二是**"让顾客主动回忆起来"**的类型。

在这里，可能有人会有疑问。

因为刚才只写了如果商家不宣传，顾客就不会轻易回忆起来。

虽然这是事实，但如果能好好利用"物"，即使顾客不在店里，也能让顾客主动回忆起来。虽然在很多情况下，商家把主动权交给顾客会稍微降低准确度，但是这样会提高让顾客满意的可能性。

两种类型都不能单独使用，要双管齐下，才能进一步增加回忆的契机，也能进一步加强记忆的联系。

那么，我们首先来看一下让顾客主动回忆起来的类型。

3 让顾客自己回忆起来

即使商家不宣传，顾客在自己的生活中也能主动想起这家店，那就太难得了。

要创造一些让顾客**一接触到店里的物就能产生回忆的契机**。为此，要把店里的东西放到顾客的生活中去。

但是，如果给了顾客不需要的东西，会给他们带来困扰。要找到一些东西，既能让顾客高兴，又能让他们回忆起你的店铺。

接下来，我将介绍创造这些契机的方法。

有人会在餐厅预约用餐，有人会在按摩店预约按摩，还有人会在家预约想看的电视节目。

那么，为什么要预约呢？这是为了让不确定的事情确定下来。

如果当天去餐厅没有座位就太遗憾了，所以预约是为了保有座位。去按摩店也一样。预约是因为可能人多进不去。预先录制电视节目也是为了能看上。

我们都**希望能让顾客回忆起自己的店来**。那么，顾客的回忆能**预约**吗？

事实上，商家可以采取各种方式来做到这一点。

我在大阪的烤肉店当店长时做过这样的事情。6 月份我为七夕做过一个宣传活动。虽说是宣传活动，但我既不打折也不送礼物，而是让顾客在纸笺上写下愿望。这家店后面有一片竹林，七夕时和店里的氛围很相称。

我用各种颜色的画纸制作成纸笺，然后和笔一起放在收银台旁边。之后对吃完饭准备离开的顾客说一声："如果可以的话，你可以在纸笺上写下自己的愿望吗？因为我们要在七夕期间用来装饰店面。"孩子自不用说，很多大人也写了。一些貌似害羞的年轻男士也很开心地写了，所以我很高兴。当然，员工们也写了。于是我在七夕之前用这些纸笺装饰了店内。一共汇集了几百张纸笺，店内变得相当华丽。

在这个例子中，要说什么是预约，就是这些七夕的纸笺。顾客写这些纸笺是在七夕之前。七夕临近时，顾客应该会想起

来 "这么说来，我还在那家店写过一个愿望呢" "听说都被用作装饰了呢"。

当然，不可能所有顾客都想起来，但的确有不少顾客会想起来。实际上，也有很多顾客在七夕期间专门来店里看装饰的纸笺。

同时，也一定有很多顾客虽然没到店里来，但会想起我们店。

即使不到店里来，仅仅是能让顾客想起来，这本身也会加深他们对店的记忆。这就足够了。

通过这样的方式，就可以预约顾客的回忆了。

商家发送给顾客的信息，多是 DM、手机电子杂志等商家想传达的信息，却不是顾客想要的信息（已经成为商家粉丝的顾客另当别论）。因为这些信息是以商家为主体，是由商家主动传达的。

"对回忆的预约" 则稍有不同。它是**顾客预约的信息**，所以很明显，顾客会积极接收。

让我们优先考虑利用 "物" 来预约顾客的回忆。

4 照片也能"预约回忆"

在搬家打包行李的时候，或者在整理壁橱的时候，停手的一瞬间，你或许会看到以前的相册。一旦打开，工作就会暂时进行不下去了。我想你一定有过这样的经历吧。

在看以前照片的时候，就会唤醒"那个时候真胖啊""对了，那个时候和森本经常一起玩啊""这个野生动物园啊，说起来，大儿子当时怕狮子怕得不得了啊"之类的回忆。

看到照片，就会想起当时拍照的情景。照片是引起回忆的强大工具。

从让顾客成为回头客的角度来看，照片也非常重要。因为人在拍照时，不是拍完照就结束了，而是还期待着日后看照片。

随着数码相机的普及以及手机照相功能的进步，冲洗照片减少了，但是拍照片的数量在增加。

我们经常可以看到很多景点会准备一些脸部镂空拍照板，板子很大，做成人或动物的形象，脸部镂空，人从那里露出脸来拍照，这种情形很常见。这里就有一个很大的启发。

很多人一看到这个拍照板，就会意识到**"这里是拍照的地方"**。没有拍照板，在这里拍照的人肯定会减少。有这个拍照板，大家就知道这里是拍照的地方，于是会考虑一下要不要拍照。这一点很重要。

另外，在海外旅行前，人们如果到了在旅游指南上看到的地点，就很想拍一张和指南上同样的照片。此外，如果有很多人在拍照，自己也会想拍。这是因为人们会意识到"这里是拍照点"。

在迪士尼乐园也有很多拍照点，比如在乐园入口处的广场、灰姑娘城堡前等。在这些拍照点都有专业的摄影人员（演员）帮大家拍照。这也是一种为拍照点创造契机的做法。游客原本很清楚哪里是拍照点，但现在是由**专业摄影师**来为游客提供方案，这就成了拍照的契机。

而且自己在迪士尼乐园拍的照片，日后也能在网上看到和购买。拿着专门的号码卡，就能在网上看到自己在某几个地方拍的纪念照。

也有些店铺会像景点一样放上脸部镂空拍照板来作为拍照点。有的拍照板是厨师在挥舞着大锅炒菜，脸部是镂空的。小孩子把脸放在那里拍照，就能拍出一流厨师风格的照片。这也是拍照点。

再比如，一家名叫"XEBIO"的运动商店里放了很大的熊和鹿的玩偶，变成了拍照点；在圣诞节的时候，有很多店在圣诞树上挂彩灯，变成了拍照点；像本书第79页介绍极具视觉冲击的"钻石切"烤肉，也会变成拍照点。

顾客在拍照后，可能日后去看这些照片，这会让他们产生回忆。也就是说，拍照是在预约"回忆"。

要想让顾客拍照，就要先准备拍照点，也就是准备让顾客不由自主想拍照的东西、可爱的东西、应季的东西。

最重要的是要传达"现在这个场景很适合拍照"的信息。

 要准备拍照点，并告知顾客

5 让顾客带着证据回家

学校的毕业证书是曾经在那个学校学习过的证据，是毕业的证据。那么，商家也能留下顾客到店的证据、体验过的证据。

如果是教育和培训行业，商家可以授予顾客毕业证书、结业证书、合格证之类的证书作为证据。这些证据可用于客户有目标取向的行业。

但是，像餐饮店和美容院之类的行业，毕业证书和合格证这样的东西难以与之相称，那么就要考虑一下证明的形式。

在位于大阪的一家名叫 "HONMACHI" 的烤肉店，会给顾客到店的证据。就是给参加宴会的顾客拍照，并在店内当场冲洗出来作为礼物送给他们，而且是 A4 尺寸的特大照片。这家店给在店里庆祝结婚纪念日的夫妻、过生日的孩子、情侣等很多人拍过照。虽然顾客在拍照时很害羞，但在收到照片时都很开心。这些照片就变成了顾客到店的证据。而且，因为是顾客自己的照片，所以顾客不会轻易扔掉。作为 "物" 被保留下来的可能性很高。

给顾客这些证据的方式包括当场交付型和日后邮寄型。把照片冲洗出来日后寄送给顾客，就会变成对顾客 "回忆" 的预约。把照片装入可爱的相框或其他什么东西里再邮寄过去，顾客会特别开心。

商家的广告单、积分卡，或者是下次可以使用的服务卡也都是顾客到店的证据之一。这些都是顾客**到店后才会得到的东西**。这些东西可以给顾客优惠，所以也成为顾客再次光临的契机。

也有观点认为，应该把证明顾客到店的东西"做成顾客平时用得到的东西"。环顾一下公司和自己家，有没有从商家或公司得到的东西呢？

最常见的是公司的日历和圆珠笔。所以，如果商家也发日历，那么竞争就会很激烈，而且日历追求实用性，所以可能很难让顾客想到日历中有商家的存在。

但是，在我妻子的老家有一种日历就从这场竞争中脱颖而出。这是千叶县一家名叫"KANPONOYADO"的温泉酒店制作的日历。如果顾客在正月的时候去这家酒店住宿，酒店就会以走廊外的景色为背景，给住宿的顾客拍照，然后把照片印在日历上。因为是顾客自己的照片，所以它就变成世界上独一无二的"物"了。这样一来，顾客就有了不选择其他日历而选择这个日历的理由。

巧克力和曲奇饼干是迪士尼乐园深受欢迎的特产，多被放在印有可爱图案的罐子里。这种罐子可以用来装一些小东西，也是日常可以使用的"物"。

如果给顾客的东西是在日常生活中用得到的东西，就会增加他们目触手碰的机会。也能增加顾客想起这家店的机率。

令人意外的是，很多商家没有掌握"让顾客带着到店证据回家"这个技巧。它能创造出让顾客回忆起这家店的机会，所以请一定掌握。

你或许担心顾客得到证据后可能会立刻扔掉吧？

这也没有关系。顾客在扔掉的瞬间还是拿在手上的。它在那个瞬间还是会成为让顾客产生回忆的机会。

 要给顾客到店的证据或日常用得到的"物"

要给顾客每天光顾本店的理由

很多人每天都会读报纸，但是我想没有人会每天都不知厌烦地持续读同一天的报纸吧。报纸因为每天都有不同的信息和新闻，才有价值。

总是同样的东西，就没有理由专门花时间去读了。

新信息才是人们想看的。没有必要抽时间反复去读已经读过的信息。

也就是说，如果商家总是发布一样的信息，是不会有人看的。

新信息才会吸引顾客去看。那么，商家可不可以传递出顾客每天都会看的信息呢？

例如，商家可以灵活使用店铺的黑板广告。虽然顾客不能带走黑板，但对于路过店门前的顾客来说，能让他们意识到这是生活的一部分。

虽然信息只传递给了路过店面的顾客，有一定的局限性，但这对于在社区附近营业的店铺来说相当有效。

只要在店门前释放出信息，就可能让顾客看到。否则就看不到。所以要坚持每天都更换新信息。

在位于代代木八幡的一家名叫"Splash"的美容院，店门前放着一些名叫"黑板博客"的东西，上面写着员工每天的日志。员工们在 A 型黑板上逐面写下来。原则是"不能写店里的事情"，所以它不是推销信息，而是员工的私事。每天每位员工至少要写一次。

这家美容院位于商业街，很多人在路过这里的时候会放慢脚步看看，有些人还会在员工写东西的时候上来搭讪。

正因为黑板上每天都有不一样的内容，才给了顾客每天都来看的理由。而且**因为不是推销，所以能让人安心地看**。还因为员工的日志属于私事，所以员工与顾客彼此的"心"能联系起来。

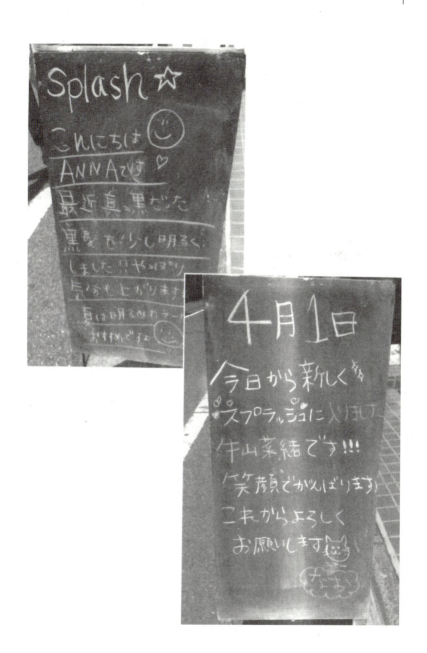

这个 A 型黑板有很多作用。据说当地很多人即使不到店里来，也会每天都来看黑板博客。

想到每天都必须要写不同的内容，也许你会担心没有素材，不能持续下去。这时请参考以下主题：

【天气素材】今天气温回暖了，积攒的衣物似乎也能晒干了。

【爱好素材】你好，我是员工○○，最近迷上了○○。

【开心素材】最近买了想了很久的○○，好开心……

【失败素材】教女儿做作业的时候，很惭愧自己也不会，只好偷偷看参考答案。

【关照素材】听说今天花粉很多，口罩不能离手哦。

【社区素材】明天在○○商业街有○○活动，好期待！

【期待素材】今晚有日本国家足球队的比赛，一定要赢啊！

【热门素材】第一次买了最近很火的"○○"尝了尝。

【应季素材】相传白色情人节的起源是从○○开始的。

但是，有的店铺位于繁华街区，或者选址在众人行色匆匆的街道。对于这样的店，这个方法不大奏效。这时，通过商品本身或宣传活动来吸引消费者的方式会更好。

这是因为，这里的很多人不是每天都从店前路过，即使店铺天天更新日志，人们也不了解前因后果，所以无法感同身受。这种情况下，还是选择刚才提及的那种方式来吸引消费者更加有效。

但黑板博客是和顾客紧密相连、发展回头客的强有力的好方法。

 要每天在店门口发布新信息

 要发布让顾客愉悦的信息

在这一节，我们来考虑一下商家将自家信息传递给顾客的方法。我认为 DM、简讯、手机电子杂志等都是既普遍又易于让人接受的工具。

但是，使用这些工具的时候，有需要注意的地方。这些信息并非出于顾客所需而发送的，而**是商家自己想要传达信息**。因此，做法不当就会**完全暴露出商家的自私**来。

顾客并非物体，而是有心灵的"人"。所以商家在向顾客传递信息时，要特别谨慎才行。

也许不是所有顾客都能收到有价值的信息。但重要的是，发信息的商家至少要有让顾客满意的心意。

117

而需要特别注意的是，商家不能只发送一些推销、打折和降价之类的信息。

虽然这些信息会成为让顾客到店的契机，但只有这些的话，顾客很快会感到厌烦。这样一来，商家的"总之先便宜卖出去"的轻率念头，或是"先想办法让顾客到店里来"的利己想法，就会立刻传达给顾客。

商家想让顾客知道的，应该是自己用心传达的信息。因为顾客是花费宝贵时间与金钱来阅读商家发送的信息的。商家发送不用心的信息，对顾客而言很失礼。

商家一边希望顾客花费宝贵时间和金钱，另一边却要尽可能地重视效率，这很滑稽。

本节将介绍与顾客保持联系的4个工具。

□手机电子杂志

在询问到顾客的手机邮箱地址后，手机邮箱便成了商家发送信息的一大便利平台。不过，手机电子杂志一不小心就变成商家发送商品打折信息的平台。虽然打折是让顾客再次光顾的契机之一，但光是发送打折信息的话，留下的就只有为了打折才去浏览的顾客了。

即使不打折，商家也可以制造让顾客到店的契机。

一家名叫"ANGE"的瑞士卷蛋糕店在白色情人节时趁机向广大顾客发送了手机电子杂志。其中只是简单提议说："在白色情人节时，来一份印有可爱图案的瑞士卷蛋糕，怎么样?"于是平常一天只卖出去两份的瑞士卷蛋糕，两天内竟然卖出了30多份。这家店并没有打折，只是提了个建议。

还有一点需要注意，有些商家在店里与顾客面对面的时候，明明给人的感觉很好，但一发起邮件或电子杂志来，就给人刻板的印象。刻板的文章不会给商家加分。电子杂志不只是用来发送信息的，还应该**饱含着心意**，只有这样才能维持彼此的联系。请**参照本书第 116 页那样的日志素材来发送信息**。也可以使用图画文字等方式来发送表情。

☐简讯

接下来我要介绍一下我自己发行的简讯。

我每个月都会向敝公司客户、商业伙伴、朋友们发送简讯。

内容包括手写祝词、热门话题、肖像照片、促销日志、公司通知、四格漫画等。

它们的作用各不相同。手写祝词能传达手写人的温情，这

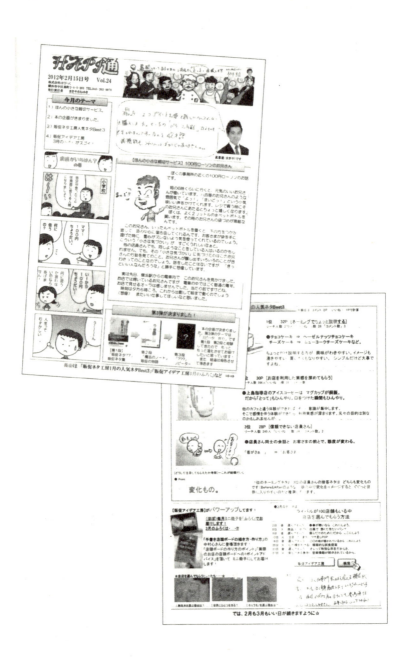

是印刷字无法传达的。虽然我的字写得不好，但每月都在写。

四格漫画并非是我本人所作，而是利用了促销达人米满和彦先生《了不起的促销》一书中赠送的附录。

促销日志则是单独的一个部分，刊登着让顾客能够受益的信息。敝公司的客户大多是自己开店，所以我相信这些促销日志将会成为有益的信息，于是就刊登出来了（我认为这也是我自己的"特色"）。

这些<u>只是读一读就能受益的信息</u>，因为对普通顾客不起作用，所以设计一些"占卜""趣味小知识""小测试""今天什么节日""悬赏"之类的内容会更好。

▢报刊中夹入的广告单

在多数情况下，在报刊中夹入广告单，与其说是为了让顾客成为回头客，不如说是为了让顾客"今天来消费"。但是，如果采取不同的做法，也可以建立与顾客之间的心灵联系。在这里我介绍一下如何使用工具招徕回头客。

请看下一页的图片。这是福冈市一家名叫"Cut Salon TO-MOKI"的美容美发店定期在报刊中发行的广告单。

一点都没有小广告的感觉吧。这是因为这家店在**报刊中夹入的广告单主要是为了发布信息，而不是为了"卖东西"**。

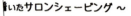

作为护发方面的专家，这家店在广告单中加入了护发妙招等信息。这一期广告单中解释了 "T 字剃须刀与电动剃须刀的区别"。以专家的视角来解释说明顾客身边的现象，只是读一读就会获益。另外还有 "年轻丈夫的一天" 之类的个人趣事，也有人格养成方面的内容。

当然，毕竟是广告单，所以多少都有些推销商品的成分，但主要是有用的信息和有助于建立心灵联系的信息。据说这家店的广告单有不少粉丝，也有很多顾客因为 "看过这些信息" 而到店里来看一看。这就是建立和顾客之间的心灵联系的证据。

我再介绍另一种有助于招徕回头客的广告单。

上图是埼玉县川口市的一家名叫"Trattoria fermata"的意大利餐厅制作的广告单。完全是手工制作，100%手写而成。

这个广告单的有趣之处在于附赠优惠券。这种优惠券不能单张使用，积攒到两张才能使用。由于一张无效，有些顾客会期待下一次发的广告单。这种手写广告单的形式很少见，在很多时候，正是因为商家考虑到手写广告单的温情所在，才得以让顾客保留着广告单，而不是随手扔掉。此外，正因为单张无法使用，顾客在积攒到两张去使用的时候才会格外高兴。

▣ 社交媒体

Twitter 和 Facebook 等社交媒体是**保持和加深个人联系的平台**。

某美容院就非常善于运用社交媒体。

所有员工在博客、Twitter、Facebook 上都有一个账号，员工各自与顾客保持着联系。通过与光顾过店里的顾客保持联系，顾客即使不来店里，也可以做到信息交换。这样分别进行联系后，当在 Twitter 和 Facebook 上发布过动态的顾客到店里来的时候，他们就可以从"听说你去了〇〇"这样的话题开始聊天。

社交媒体与其他方式不同，它可以促进双向交流，甚至可以与顾客保持实时联系。

如果商家能与顾客持续保持良好的联系，两者的关系肯定会变得深厚起来。

网络社会正在飞速发展，今后人们会不断加强对网络的利用。但换句话说，最好还是不要依赖"数字逻辑"。如果想让顾客觉得这是一家"特别的店"，商家当然要重视每一位顾客，社交媒体就是这样的平台。

在这里，我介绍了 4 个工具。另外还有很多其他工具，但是我希望你至少先采用一种工具来保持与顾客的联系。与顾客保持不间断的联系，是非常重要的。

 要利用工具和顾客保持联系

第 **4** 章

如果没有"契机"，
一切联系都是徒劳

1 联系能否发挥作用要看"契机"

本书终于进入了最后阶段。

前面介绍了"心灵联系""记忆联系""以物联系"等 3 个与顾客建立联系的方面。

我在序章中已经说过,只和顾客有了这 3 个方面的联系,是无法让顾客成为回头客的。

要想让顾客成为回头客,商家在与顾客建立联系的基础上,还必须做一件事。

那就是制造让顾客"到店的契机"。

"契机"这个词在前面出现了很多次。到店的契机、回忆的契机、谈话的契机,等等。

我想再次强调,**人在触发某种行为的时候需要契机**。

◎开始减肥的契机,是有人说"你有点胖了"。

◎买新外套的契机,是冬天到了,感觉有点冷了。

◎时隔一年与朋友再次联系的契机,是在 Facebook 上知道他的生日到了。

◎买来《如果杜拉》这本书看的契机，是因为朋友的推荐。

◎番茄畅销的契机，是电视上介绍的番茄功效成了热门话题。

人在选择尝试新事物时，都要有契机。

同样，顾客到店里来也需要契机。有了契机，顾客才会做出"去还是不去"的判断。这个判断会成为顾客能否到店的机会。

其实，商家应该做的不是创造顾客到店的契机，而是在这之前的准备工作。是否到店由顾客决定，而不是由商家决定。商家能做的是让顾客判断来这家店。

也就是，提出方案，来创造让顾客**"下判断的契机"**。

这才是商家能够创造的契机。

这里需要注意一点。创造契机时有一个误区，那就是"只依赖打折信息"创造契机。打折优惠券或特卖虽然是顾客到店的契机之一，但只是许多契机中的一部分。

如果商家只发送打折信息，那么顾客就会认为"这是一家折扣店"，于是顾客到店的理由就会变成"因为便宜"。这样一来,商家就发挥不出自己的"特色和优点"了。不少商家都陷入了这样一种恶性循环中。

我说过很多次,我们的生意不应该是"因为便宜"才吸引顾客到店。虽然通过努力经营,实现低价销售是一个很好的方法,但是用这种薄利多销的方法,是拼不过大企业的。与其这样,倒不如让顾客感受到本店的"特色和优点",从而让他们到店里来。

这似乎和刚才所说的相反,但打折优惠券或特卖本身也并没有什么不好。

因为某个时机低价采购到了一些原材料从而低价销售,或者为了开业一周年庆而降价,这些情况都是可以的。这种打折不会让顾客觉得这是一家"廉价店"。因为**降价的原因很明确**。另外,与其他契机组合使用从而吸引顾客的特卖活动也是没有问题的。

商家不要只是因为"卖不出去,顾客能来一个是一个"打折。这样只会让顾客觉得你的店铺是一家"廉价店"。

本章将介绍 11 个商家可以提出建议的方法,以创造让顾客"做判断的契机"。

在这些方法中，有些也许各位读者已经采用过，但也有大家不曾考虑过的观点。

你可以逐条尝试每一个方法，但一定要事先考虑一下"自己的店可以提出什么方案来创造契机"。这会有助于增加今后解决问题的角度。

2 到店顾客量的计算公式

在具体说这个公式之前，我先提一个问题。请先思考 30 秒左右。

假设真喜屋商店和 10 名顾客有过联系。

有一次，商家创造或提出了一个契机，来了 1 名顾客。

那么，要想让到店顾客量翻倍，变成 2 名，你会想什么方法呢？

怎么样？

或许有很多方法，我在这里先给出 4 种方法。

第一，**让契机更有吸引力**。10 人中来了 1 人，所以目前的概率是 10%。方法之一是通过增加吸引力来使之变成 20%。

第二，加深与顾客之间的**联系**。在没有来店的 9 名顾客中，肯定有几个人没有认真看过商家发出的信息。如果与他们加深联系，可能会把10%的概率提高到20%。

第三，**增加**宣传的顾客**人数**。假设因为一个契机到店的顾客比例同样是10%，如果把宣传的顾客量从 10 人增加到 20 人，那么到店的顾客量也会翻倍。这种方法提高的不是概率，而是分母人数。

最后一个方法最重要。

第四，**多提一次契机**。一次契机来了一个人，那么再提一次很可能会再来一人。这也是增加数量的方法，但不是增加人数本身，而是通过增加提案次数来增加总人数。不过总提出相同的提案会令人生厌，所以应该改变一下契机的提案内容。

我把这些方法总结成公式如下：

到店顾客量＝宣传质量×宣传总数

想要让很多顾客到店，可以从提高宣传质量和扩大宣传总数两个方面着手。

"提高宣传质量"方面，可以采用的方法有，通过加深与顾客之间的联系来让他们认真阅读商家的提案、通过提升契机的魅力让顾客想到店里来等。这样会增加到店顾客总人数。

"宣传总数"包括宣传面向的顾客人数与宣传次数。数字越大，到店的顾客量也就越多。而且，请不要忘记，多次提议的契机也会增加顾客到店的机会。

由此，刚才的公式可以进一步分解为：

到店顾客量=契机的魅力×紧密的联系×宣传面向的顾客人数×提案的次数

"紧密的联系"包括第 1 章的"心灵联系"和第 2 章的"记忆联系"。"宣传面向的顾客人数"是通过第 3 章的"以物联系"形成联系的顾客人数。"契机的魅力"和"提案的次数"是第 4 章中的内容。

如果提高了这 4 方面的要素，顾客中成为回头客的人也会增多。分别提高各个要素都会增加人数，整体提高也会增加人数。最重要的不是在短时间内一口气增加人数，而是在中长期间内增加顾客的总人数。

那么，我接下来将具体介绍一下如何创造让顾客下判断的契机。请一定在思考自己能做什么的基础上进行阅读。

3 "优惠"要有理由 开关 25

"这周生啤半价!"

"7 月 31 日之前减价 1000 日元!"

"给到店顾客赠送特制礼物!"

说到顾客到店的契机，有很多人会对这些特卖活动有印象。作为顾客到店的契机，这些方法十分容易理解，很多商家都会采用。

但是，这些方法也十分危险。我说过很多次，这些契机会让顾客有"很便宜，那就去吧""很划算，去看看吧"的想法。顾客即便到店里来，也不会感觉到店里独有的魅力。

这样一来，如果下次没有划算的特卖活动，顾客就不会来了。于是商家只好连续进行优惠活动。

这样重复几次之后，商家会给顾客留下"廉价店"的印象。并且，原本觉得店铺有魅力的顾客也会以"划算"为目的来消费。

商家感叹"不打折就没有顾客"的原因在商家一方。

但是，"优惠"的做法并非完全行不通。

我刚才也稍有提及，如果原因明确，也是没有问题的。比如像以下这些理由：

【采购】有合约关系的渔夫大丰收，能以比平时低的价格采购。所以刺身半价（增量）

【新品推出】本月推出新品，请大家品尝一下，所以减价1000日元，仅限本月

【回馈给予本店帮助的顾客】为帮助本店回答调查问卷的顾客减价500日元

【感谢纪念】开业五周年，大甩卖以表感谢

【只对特定的顾客】对本月过生日的顾客赠送礼物

【重要的日子】每月22日是夫妻日。为到店的夫妻赠送甜点

【降价销售的原因】做多了，所以低价出售

如果商家像这样**明确了价格变便宜的原因或有优惠活动的原因，顾客就理解了为什么会变便宜**。要让顾客知道你们店不是一直都便宜，而是因为特殊情况才便宜。如果能很好地说明理由，就不会让顾客觉得这是一家廉价店。

不过，希望你不要不分青红皂白地随意找理由常年优惠。

即便有理由这样做，也会给顾客留下"这家店总是降价"的印象。请只在特别的时候优惠。

 提议"优惠"时要明确原因

 要让顾客多做一次判断

2010 年 11 月的某一个星期天。

我家想换一台地面数字电视，就去了一家电器店。

因为是星期天，店里热闹非凡。我经常去这家店买东西，但顾客像那天那样多还是第一次见。

我想和店员搭个话，却发现所有店员都在接待顾客。情形就像在餐厅按顺序等待就餐一样，顾客向店员报上名字后，都在等着叫号。

好像任何一家电器店在这一段时期都相当热闹。这是因为，购买电器的环保积分即将减半。

由日本政府政策推行的环保积分从 12 月开始减半，在 11 月之前还能使用全部的积分，所以在 11 月份来买电器的人很多。

这一节的题目是**"要让顾客多做一次判断"**。

刚才所说的环保积分也契合这个题目。什么是"多做一次判断"？

通常这种促销活动能让销售达到顶峰的，是在活动刚开始和快结束的时候。使用环保积分换购的结束时间是 2011 年 3 月末，而由于当时发生了东日本大地震，导致换购活动一度中断。如果没有发生地震，应该是换购的高峰期。

顾客数量会在促销活动结束之前有所增加。"有没有环保积分"会成为顾客**判断是否购买的契机**。于是日本政府在促销活动结束之前做了个缓冲，就是"减半"。在这个时机下，判断是否购买的顾客也增加了。

也就是说，增加了一次让顾客做出判断的机会。

如果没有契机，顾客就不会做判断。如果把本来只需要一次的契机继续分割或细化，就会增加顾客判断是否到店、是否购买的次数。

"让顾客多做一次判断"的方法，在进一步发挥商家或商品的吸引力方面，非常有效。

超市或购物中心有时会**分时间段**举行**限时促销**活动。这也会增加顾客做判断的次数。假设商家进行一次"现在开始全店（所有商品）限时促销"的活动，如果顾客注意不到，或者没有兴趣，就会无动于衷。

但是，如果分时间段地进行"A 卖场从 15 点开始限时促销""B 卖场从 16 点开始限时促销"之类的活动，商家可以相应地发出通告，顾客也可以相应地做出是否购买的判断。顾客可以在一次又一次的聚焦中做出恰当的判断。

多次通知促销活动或使用积分的**有效期限**，也是让顾客多做一次判断的方法。如果告诉顾客"促销活动将在 3 天之后结束"，顾客就会判断一下要不要去。加上在促销活动最初的那一次，和即将结束时再通知一次，就能让顾客多做一次判断。

给一段时间内没有联系的顾客发送 DM，也能让顾客多做出一次要不要去店里的判断。

肯德基采用的是使用优惠券让顾客多做一次判断的方法。在某个促销活动期间，向到店的顾客分发"促销活动结束后"才能使用的优惠券。这也是让顾客判断要不要再次来店的契机。因为有了优惠券，顾客会考虑要不要下次再次光临。

请想办法让顾客再次考虑要不要来店。希望你能时常思考这个问题。

Switch 要多创造一次让顾客判断要不要到店的契机

5 要创造顾客可以认同的"现在"

开关
27

小 A 因为工作的事情来到了新宿。工作结束时已经是下午一点钟了。饿着肚子的小 A 开始寻找吃午饭的店，最后目光落在了一家店的黑板上。

"免费供应餐后甜点，仅限现在!"

这太幸运了。小 A 打算选择这家店，正要进去的时候，后面传来了一群公司职员的对话：

"就选这家店吧，听说只有现在免费供应餐后甜点。"

"并不是这样的，这家店从半年前开始，就一直写着'仅限现在'。"

小 A 听到后很失望，决定去寻找其他店。

"仅限现在"，这话说得有点狡猾。

"现在"并没有明确所指，所以可以一直使用"仅限现在"。

如果是"到 8 月 31 日为止"这样的所指，那么，从 9 月 1 日开始就不能使用了，而"仅限现在"的说法，无论是 8 月、9 月还是 10 月，都可以使用。这个词用起来非常方便，实在狡猾。

我想，肯定有很多人用过"仅限现在"这样的词。这当中可能既有真的"仅限现在"这种情况，也有耍花招的人。

顾客已经不再轻易相信"仅限现在"这个词了。甚至有很多顾客对"反正永远都是'仅限现在'"产生了疑问。

因此，当商家决定用"仅限现在"来为顾客提供判断契机的时候，一定要好好地说明一下其中的理由，让大家都能接受。

有一些证明"仅限现在"的方法。

最基本的方法是**用划分期限的方式来证明"真的仅限现在"**。比如用"9 月 30 日为止"等方式做出清晰明了的区分，这样时间就明确了。

另外，不特意强调"现在"也能自然而然地表现出"现在"。

面包店会在面包烤好后告诉顾客"牛角面包刚刚烤好"。这也是证明"只有现在"的方法之一。这是因为刚烤好就是"只有现在"的意思。过了一段时间自然会冷掉，就不再是刚烤好的了。**这是由时间决定的，人无法控制**。只有这样，才能让顾客接受"现在"这个概念。

另外，应季之物也是指"现在"。

我在大阪的烧肉店当店长时，店里只在夏季供应"腌水茄子"，使用的是应季的食材。秋天的秋刀鱼和栗子、春天的鲣鱼和新鲜洋葱等也都是应季之物。正因为这些是商家无法控制的食材，所以顾客才会相信它们是"现在"的东西。

此外，限定之物也是"仅限现在"才有。

"拓麻歌子"大热的时候，玩具店的商品紧缺。如果运气好，刚好有一个库存，顾客就必须当时做出判断是否购买。因为虽然"现在"还有，但不能保证明天再来的时候还会有。这一类的限定商品，特别是受欢迎的商品，更能凸显"现在"的概念。

要想让顾客到店里来，商家首先要让他们判断要不要到店里来，并且希望他们毫不迟疑地做出判断。为此做出的"现在"划分是有效的。

在使用"仅限现在"时，商家要证明真的是"仅限现在"。

 要为顾客可以认同的"现在"提供理由

6 要符合顾客的应季需求

开关
28

我想说一下如何从其他角度表现"现在"的概念。刚才我介绍了商家证明"现在"的方法，接下来是不用商家特意证明，

而是能自动证明"现在"的方法，即与应季促销活动相关的
方法。

　　季节在自然交替，不能人为控制。因此，与应季促销活动
相关的契机，就能**自动证明"现在"**。

　　应季促销活动有根据**"时令"**和**"纪念日"**来举行活动两
种模式。

　　时令是指以**几周到几个月**为单位的"现在"。一到这段时
期，顾客也会渐渐关注起相关话题来。举一些这样的例子：

◎面向入学新生的商品

◎夏季限售的凉面

◎秋季限售的啤酒

◎赏花季节的旅游方案

"纪念日"是指以一天为单位的"现在"，比如：

◎立春（2 月 3 日）

◎母亲节（5 月的第二个星期天）

◎万圣节（10 月 31 日）

◎平安夜（12 月 24 日）

这些时间不是一个大致的时间，而是固定日期。临近这个日期，相关话题的新闻会变多，街上的装饰和广告也会增多，所以顾客会不自觉地关注起来。

这些不是商家提出的"现在"，而是由季节或节日自动证明的"现在"。即使商家不说，也很容易引起顾客关注。

只要与应季促销活动相关，就会增加顾客关注商家的机会。如果商家什么都不做，季节或节日也会自动过去。希望商家可以好好利用这个难得的机会，创造让顾客做出判断的契机。

 要创造应季的顾客来店的契机

7 要"出新" 开关 **29**

《樱坂》（福山雅治　2000 年）

Tomorrow Never Knows（Mr. Children　1994 年）

《只要有你在》（米米 CLUB　1992 年）

我想大家都知道这些歌曲，每一首都是销量 200 万以上的畅销歌曲，都非常好听，但"现在"很少有人再去买这些歌曲。

大家现在买的都是新歌。

"新商品"容易让顾客做判断要不要购买。

知道《樱坂》、*Tomorrow Never Knows*、《只要有你在》的人，在这些歌曲发售的时候，或者在听过这些歌的时候，就已经决定要不要购买。一旦他决定了"不买"，就很难再次让他们考虑要不要特地购买了。如果没有下判断的契机，他就不会再次判断了。因此，即使知道是名曲，现在也很少有人买了。

这些歌曲一旦被改编，或者被其他歌手翻唱，或是成为电视剧的主题曲，也许会再次成为让顾客做判断的契机，但如果没有什么契机，顾客是不会特意再去判断的。

"出新"才会有让顾客判断要不要购买的契机。

◎推出新菜品

◎开始新服务

◎新店开业

◎开始使用新器材

这类"出新"才能让顾客判断"是否购买""是否到店"。商家在出新的时候，要广而告之，还要定期追加新料理，让顾客有新鲜感。

 要"出新"，并告知顾客

8 要对现有商品提出"新用法"

上一节提出的"出新"是创造"新商品和服务"。但说到"出新"，不仅是指推出新商品或菜单，也可以对现有商品**提出"新用法"**，来让顾客做出是否再次使用它的判断。

有一款名为"SALONPAS"的畅销商品。它是久光制药公司的产品，对肩酸和肌肉疼痛有疗效。这款镇痛膏的名气无人不知。

而在不久前，一提到 SALONPAS，大家都会觉得是给老年人用的。也许是因为很少有年轻人有肩酸和腰痛的疾病，所以大家觉得一般年轻人不用。此外，这个产品让人感觉是为老年人设计的，这让年轻人犹豫要不要购买。

但现在这种印象已经减少了。年轻人也会毫不犹豫地购买和使用 SALONPAS。因为商家对这个产品提出了新用法。

新用法是"介字贴"。

我想有很多人还记得在电视上看过一则"因爱而生介字贴"的广告吧。内容是一对新婚夫妇结婚时在背上用这款镇痛膏贴成"介"字。这正是新用法的典型示例。

SALONPAS 是一款早已存在的商品，而这款商品的新用法就是"介字贴"。随着广告中新婚夫妇的出现，年轻人也开始使用起这款商品来。

此外，商家还就这款商品提出了很多新用法，比如，为经常站着忙碌的母亲设计的"比目鱼贴"，为女性上班族缓解脚后跟疲劳设计的"剪刀贴"，等等。

即使是针对现有商品，也可以提议顾客尝试前所未有的用法。这就是新用法的契机。

2010 年非常流行的"食用辣油"也是一个例子。最初它是中餐的调味品，但经过加工后，有人提出了一种"放在米饭上吃"的新用法。

自从有人宣称番茄具有燃烧脂肪的作用后，番茄这种原本营养丰富的蔬菜，还被用作了减肥食品。

另外，在我曾经做店长的那家新宿餐厅，每个月都会进行一次爵士乐现场演奏。这也是针对同一家店铺提出新用法的方式。

在前面手机电子杂志的例子中，提到过一家名叫"ANGE"的瑞士卷蛋糕店，它的提议也是一种对商品提出"新用法"的方式。即为了迎合白色情人节，提议"在白色情人节时，来一份印有可爱图案的瑞士卷蛋糕怎么样"，这并不是在特意创造新商品，只是提出新用法。

即使没有创造新商品，顾客也可以通过现有商品和服务的新用法，来判断是否使用它们。这意味着，新用法变成了一次让顾客做判断的契机。或许可以说，这是一种"当下"让更多人使用某种商品的方法。

在这里我想说一点题外话，就是悄悄地向阅读到此的人爆个料（真的是悄悄地）——

那就是，顾客对什么东西感"兴趣"。
求解顾客对什么东西感兴趣，有一个公式：
【已知×未知】。
顾客不会专门花时间去了解他们已知的东西，这些东西是不会轻易让他们感兴趣的。

顾客如果知道了一切，就不会再感兴趣。同样，顾客也不会对完全不知道的事物感兴趣。因为顾客以前对它完全没有关心过，不感兴趣也是理所当然。

如果把顾客原来知道的东西和根本不知道的东西结合起来，或者把已知的东西和其中的未知部分结合起来，顾客就很容易产生兴趣。

例如，就在我今天写这篇手稿的时候，去了办公室附近的一家便利店，发现"PEYANGU"杯装炒荞麦面有了新口味，叫作"终极辣味"。

这是"杯装炒荞麦面之王"（我随意这么称呼）PEYANGU的新口味。我是 PEYANGU 的忠实粉丝，所以肯定对这种口味感兴趣。但我实际上不喜欢辣，所以最终没有买。但我在写这篇手稿的时候，依然为此耿耿于怀。

这是因为 PEYANGU 公司在"已知的东西"上添加了"未知元素"，让我耿耿于怀。

如果你想尝试开发新的东西，一定会想着创造一些"前所未有的全新的东西"。但是，如果这样做，顾客的兴趣往往会变成"未知×未知＝不感兴趣"。我劝你在开发商品时把"已知"和"喜欢、感兴趣"相关联。

我自己仍在研究这一点，但我确信这个公式是成立的，所以就写在这里。

这一节的"提出新用法"与这个兴趣公式相匹配。因为它符合"已有商品(已知)×新用法（未知）"这个公式。

 要对现有商品提出"新用法"

9　要提出更"深层的用法"

我接下来要介绍"新用法"的改变版，即更"深层的用法"。商家要通过深层的用法来创造顾客下判断的契机。

例如，在一家名叫"KURA 寿司"的回转寿司店，除了寿司外，还有其他菜品。于是他们提出了把单品组合起来吃的方法。他们提议在餐桌 POP 上把单品乌冬面和单品炸虾天妇罗组合起来，建议顾客"尝一尝天妇罗乌冬面"。这就变成了把现有商品组合起来，以与单品区分开的深层用法。

另外，还有不着眼于商品本身，而是着眼于整个店铺让顾客更深层利用的方法。我在大阪的烤肉店当店长时，有一款只为某些特定常客提供的"炒乌冬面"。它没有印在菜单上。是因为一位常客在深夜来店消费,谈话中说想吃炒乌冬面,我们才开始提供这个料理的。这虽然不是特别讲究的料理,但这位顾客每次来都会点。这种特殊的菜品,也是让顾客深层感受店铺服务的方法之一。这让顾客在点菜时有优越感。

我在这家烤肉店时,还从别家店的前辈店长那里学到了美味"圆肠子(牛小肠)"的烤制方法。通常情况下,肥肥的小肠是可以吃的,不过要多烤一会儿。如果把拇指那么粗的圆肠去除油脂到小指那么细的程度再烤,可以烤制出更香的滋味。我把这个方法告诉几位店里的熟客后,他们中就有人尝试了一下。这也是商品的一种深层用法。

上一节提到的"新用法",需要商家向外提出自己的各种想法,但深层用法的启示却在自己"内部",**在自己、店员和常客身上。因为这些人熟悉店铺和商品的情况,所以才会对店铺和商品有深层的用法。**

把这些信息告诉给其他顾客,也可以成为让他们判断是否购买的契机。

Switch 要对店铺和商品提出"更深层更有趣的用法"

10 要让顾客"期待下一次"

我非常喜欢迪士尼乐园。

如果沉浸在迪士尼的世界里玩上一天，人们会觉得度过了非常充实的时光。那么，游玩结束离开迪士尼乐园的时候，你会有什么心情呢？

会觉得"已经玩够了，不用再来了"吗？

不会吧。

我想，大多数人都是"还想再来"。这些人一直对下次再来满怀期待，比如"我今天没能坐'激流勇进'，下次来坐""下次来的时候想和米奇握个手"等等。这就是迪士尼乐园的厉害之处。

一天结束不了，**还留有对下次的期待**，所以还想再来。这也是一个让顾客做判断的绝佳契机。

位于原宿的"θ标记"店也让顾客留下了对下次的期待。据说，一次会谈后，这家店就会预告下次的主题。顾客一旦得知下次的主题，这种期待就会成为他们判断是否再来的契机。

位于福冈的一家名叫"Cut Salon TOMOKI"的美容美发店有一项"梦幻头部按摩"服务。据说，如果这家店告诉接受过这项服务的顾客说"下次排在了半个月后",顾客到时候就会再来。特别是由专家来说这句话时,顾客就会更加相信。这也是让顾客留有对下次期待的事例。

顾客来过一次,商家就要让他们想着下次会怎样。这样就能创造出让顾客判断是否再来的契机。

顾客对下次的期待,包括以下内容:

◎**这次没能体验到的事项**
◎**下次来店时才有的新事项**
◎**下次的内容预告**
◎**下次能来的时间安排**

一定要让今天到店的顾客抱有下次还来的想法。

 要让顾客"对下次到店充满期待"

11 提供不让顾客腻烦的信息

有一天,小翼和雄太两个男孩各自邀请班花麻美去约会。

麻美抱歉地说"那天已经有约了",拒绝了他们两个,但是两个人都没有放弃,决定第二周再邀请她。

小翼邀请之后,麻美说"不好意思,我已经看过那部电影了",拒绝了他。雄太邀请之后,麻美说"我前几天也拒绝过你吧",语言有些冷漠。

两个人还是没有放弃,决定下下周再邀请她。

小翼邀请她之后,她说"实在抱歉,已经和朋友在那天有约了",有些遗憾地拒绝了他。但是,雄太邀请她之后,她却很生气地说:"够了!我已经拒绝你好多次了,不要再纠缠我了!"

一开始麻美对他们两个人都是相同的态度,但三次邀请过后,麻美的态度却有了明显的不同。这是怎么回事呢?

原来是因为小翼三次分别用了不同的方案来邀请她。

第一次是去游乐园,第二次是看电影,第三次是去动物园。

虽然很遗憾没有邀请成功,但是给麻美留下了好印象。

与之相比,雄太第一次邀请她去漫画咖啡馆,第二次也是漫画咖啡馆,第三次还是漫画咖啡馆。三次都是同样的约会地点。一次被拒绝后,还多次以同样的方式纠缠她,所以麻美就厌烦了。

如果好几次都提出同样的建议,就会让人觉得腻烦,不会再去理睬。对顾客而言，也是这个道理。

如果商家反复几次都**提出同样的建议，顾客就会厌烦**。顾客一旦觉得"这次应该也是一样的吧"，就会对这家店连看都不看了。

要想吸引顾客注意，商家就要给他们**发送不让人腻烦的信息**。**要为顾客创造出来店很多次的理由**。为此，新信息是很有效的。

要想多次提议都不被腻烦，每一次都要有些许变化才行。

位于埼玉县川口市的一家名叫"tratteria fermata"的意大利餐厅每个月都会决定一个主题，他们提议只在工作日提供小型晚餐套餐，并准备一个稍微划算的套餐，比如 3 月份是"○○意大利面套餐"，4 月份是"○○意大利面套餐"等。每个月的内容都会变化，所以每个月都会通知大家，这样也就使通知变得非常自然，不会让人感到腻烦。

我做店长的那家横滨的西餐厅，也会在午餐时准备每周更换的菜品。这也能让顾客觉得每次通知都是新信息。新的提案，应该会吸引顾客的目光吧。因为这是新信息，至少与上周的同样信息相比，它更能引起顾客的关注。

最新年度版的时间表和统计资料也可以说是新信息。虽然形式几乎没变，但内容变成新的了。对于需要的人来说，这些是希望被告知的信息。

商家要想多次通知顾客，首先每次都要有**不同的提案**。**信息要有变化**。并且，就像每个月、每周都要更新一样，商家制作出**定期更新信息的机制**也很重要。定期更新的信息，也会让顾客放心浏览。这很可能让顾客习惯性地关注起你的店铺来。

 要定期向顾客通知更新信息

12 只向满足条件的人提供特定服务 开关 34

奥运会金牌只有有限的人才能获得。

虽然只有实际获得金牌的人才能体会到拿金牌的心情，但是我们都明白它非常有价值。

假如参加游泳比赛的北岛康介对你说"我有很多，给你一个"，并把金牌送给你的话，你会怎么样？

实际上不会出现这种情况，但如果不费什么力气就能拿到金牌，我想你也不会多么高兴吧。即使高兴，也只是因为北岛让出珍贵金牌的温情。虽然让你看一下或者摸一下真正的金牌会很开心，但如果让你拥有它的话却没有什么价值。

金牌的价值并不在于它本身，而在于和其他猛将的激烈竞争中最终获胜，只有经过不断努力、严格训练后获得的金牌才有价值。不付出任何努力就能得手的话，其价值会大幅降低。

不是所有人都能得到，而是**有限的人能得到**的东西才有价值。

对顾客来说也是一样。商家在提供服务的时候，比起"向所有人提供服务"，只向有限的人提供服务，会更让顾客觉得有价值。

我第一次当店长是在爱知县的一家小酒馆里。这家店的菜单上全部写着号码，顾客点菜时要在纸上写下号码。

这家店通过手机电子杂志与顾客保持联系，并从中向顾客提议来店的契机，还费心思地定期向"满足了条件的人"提供特定的服务。

这家店把邮件的标题命名为"○○签"，再把顾客分成几个组后分别发送邮件。有的组会"中签"，其他组是"空签"。这家店只向中签的这组顾客告知一个特别的点菜号码。只要顾客写这个号码来点菜，就免费获赠一道特别料理，或者可以享用半价啤酒。

当然，如果所有人都"中签"就没有任何价值了。正因为有人得了"空签"，才会显示出"中签"的价值来。此外，正因为不是每次都"中签"，也有"空签"的时候，才会显示出"中签"的价值来。这也是我个人非常喜欢的一种方案。

只向满足条件的人提供服务，才能让他觉得有价值。

顾客只要有了别人没有而"只有自己"拥有的特权，就不会对此置之不理，一定会认真考虑一下。

即使商家为顾客提供了来店的契机，如果顾客注意不到这个信息，也不可能考虑是否要用这个信息，自然也就不会来了。

让顾客认真考虑是否要来、是否购买，就可能让他们到店里来。

只面向会员的"会员限定特卖活动"也是只面向满足"会员"这一条件的人。

在第 3 章"报刊中夹入的广告单"中介绍的"Trattoria fermata"店的两张优惠券也是一种条件。这种优惠券不能只有一张，需要积攒两张才能使用。这是对花时间积攒并保管优惠券的人的一种优惠。

如果所有人都处于同样的情况下，人们就不会觉得有价值，但如果有人拥有了别人没有的特权，就会觉得有价值。这是因为，"浪费特权太可惜了"的心理在作祟。先不谈实际上人们会不会用这个特权，但他们都不会对此置之不理，都会认真做一次判断，至少会提高"做判断"的可能性。

 只向满足条件的少数顾客提供特权

13 在促销中有比"销售额"更重要的东西

所谓"促销"，是"促进销售"的简称，是一种提高销售额的机制。

它不是所谓的"吸引顾客的活动"，而是指让顾客**对店铺更加抱有期待的一切活动**。本书介绍的技巧都与促销相关。

增加"销售额"只是促销的目的之一，我希望商家更要重视"销售额"之外的东西。

之前我已经提到过很多次，商家要**把店里的"特色和优点"传达给顾客**。我认为这比销售额重要。

没有必要让已经吃饱的顾客再吃一份咖喱。即使强行让他买下来勉强吃下去，我想他也不会开心吧。看见顾客不情愿的表情，商家也不会觉得幸福吧。

而且，如果一家店只追求销售额，却不能让顾客感到满意，顾客也不会再次光临。商家只遵从"想卖出去"的意愿强行创造销售额，不是好事。

我认为，商家把咖喱卖给肚子饿且喜欢吃咖喱的顾客才是最好的。这样可以受到顾客的欢迎，顾客高兴了，做菜的厨师和推荐菜的员工都会很开心，销售额也会增加。销售额增加了，经营者也会开心起来。

我们在做生意的时候就是要发挥自家店的"特色和优点"让顾客开心。所以没有必要让不适应我们店的顾客强行到店里来买东西。

我们一定要让能欣赏我们店"特色和优点"的顾客感到快乐，并且越来越快乐。这就是我们做生意的目标吧。

所以我希望大家在做促销活动的时候，比起"不管怎样先提高销售额"，更应该在**"传达出店里的特色和优点"**上花费时间和心思。

比起"考虑有名气的广告标语"，更应该在"不断推出顾客喜欢的商品和服务""想办法表现出店里的特色和优点"等方面倾注心力。

比起"想办法制作推销用的优惠券"，更应该在"努力和顾客长期保持心灵联系"上倾注时间和精力。

顾客一旦知道了店里的"特色和优点"，并感受到它的魅力，一定会到店里来。那时大家都会开心。

为了自己的销售额而浪费顾客宝贵的金钱，属于"北风促销"。

想办法努力让顾客感受到店里"特色和优点"的魅力并吸引他们到店里来，属于"太阳促销"。

希望你的店可以用"太阳促销"的方式，让顾客愿意再次光临。

 比起"提高销售额"来，更应该"传达出本店的特色"

目标是成为更加稳固、 回头客较多的店铺

1　不断进步是我们的任务

"祝愿为顾客着想、努力做好生意的商家生意兴隆。"

我抱着这样的想法写了这本书，并谈了一下技术层面的事情。

也就是说，要在商家和顾客之间架起一座能互相往来的"桥梁"，即"联系"。这个"联系"包括3个方面。

第一是**"心灵联系"**。

第二是**"记忆联系"**。

第三是**"以物联系"**。

"联系"不能只通过其中一个方面，而是要通过3个方面共同发挥作用。要想让顾客到店里来，商家还必须要创造出让顾客**"做判断的契机"**。我确信，认真执行这些，回头客一定会增加。

接下来，我想写一些我个人对做生意的想法。如果你想做更加稳固、有灵魂的生意，希望你一定要记在脑子里。

我认为，作为一名生意人，不断**进步**是我们的任务。要想进步，首先要改变。虽然改变不一定会带来进步，甚至有时会招致失败，但是我认为，一定不能满足于现状，坚持锻炼自己的能力来追求进步才行。

我认为，追求进步的原因不在于"周围的人都在进步，自己不进则退"这种消极的想法，而在于"为了顾客，为了员工，也为了家人，必须进步"这种积极的想法。

如果商家一直提供同样的东西，顾客就会习以为常。

也许有的顾客会喜欢这种习以为常，但这些顾客不能再体会到最初的那种感动。这是因为，他们终究明白还有更加美味、更加方便的东西。

因此，为了不辜负这种要求"进步"的顾客，商家也需要不断进步，否则就无法让顾客一直满意。

要能让顾客今天比昨天更满意，明天比今天更满意。为此，我们需要每天锻炼自己的能力。我想，这就是我们对于顾客的一种义务吧。

20 年前，手机和电脑还没有普及，大家也从来没有想象过现在这样的生活。100 年前还没有电视机，1000 年前甚至连电都没有。

我们现在的生活，是无数前人的不断钻研和努力持续进步的结果。这样的进步不能在我们这里停止。

而且，在员工不断成长并取得更多成果、实现梦想的过程中，我们这些店长和经营者也要进步。并且，为了担负让孩子们茁壮成长、稳步前行的责任，我们也必须不断进步，鼓励孩子们更好地经营，并建设出比昨天更好的社会。

我一直认为，不求进步、安于现状的人是没有魅力的。我们每个人要想对更多人产生些许好的影响，就必须不断进步。

"进步"是这么产生的。

"自己内心多次'突变'，并经过'淘汰'后剩下的部分就会变成'进步'的内容。"（《工作是乘法》，鲋谷周史著，KANKI 出版）

即使想进步，也未必一定会"进步"。**只有发生大量变化**

（突变）中的一部分才会变成进步。因此，首先要发生变化，否则不会进步。

也就是说，没有变化就没有进步。

要相信进步，并不断制造大量变化。我认为这是生意人的义务之一。

② 为了坚实地迈出第二步，要留下"足迹"

在不断进步中有一个不可或缺的事项，就是要**留下"足迹"**。

自己昨天前进到哪里？如果不清楚这一点，即使今天好不容易踏出了一步，也不会明白可以从昨天的地点继续向前。

因此，为了坚实地迈出第二步，留下"足迹"很重要。而商家在做生意过程中的"足迹"就是"回顾"。

成功了，就要回过头来分析一下哪里做得好。

失败了，也要回过头来分析一下哪里没做好。

只有回顾了，下次才能从那里继续前进。

只有这样，"变化"才会接近"进步"。

我们的能力是有限的，时间和精力也是有限的。为了不负使命，我们要最大程度地利用这些有限的资源。为了脚踏实地地进步，为了坚实地迈出第二步，我们最好每走一步都留下足迹。

但是，如果第一步走错了，第二步的方向也会错下去。在这种情况下，就要从出发的地点重新开始第一步。这样看起来似乎没有进步。

但是，失败后踏出的第一步和一开始的第一步是不同的。知道自己走错后，接下来的一步就会变成**接近顺利的一步**。

本书到此为止介绍了很多"让顾客成为回头客的技巧"。我衷心希望商家做出一些改变来迈出第一步。

并且，无论结果是成功还是失败，为了迈出第二步，一定要留下足迹。

虽然成功和失败的结果很重要，但知道"为什么能成功""为什么会失败"更加重要。回过头来分析一下原因就是在留下"足迹"。请在运用技巧的时候务必留下"足迹"。因为这样做，会提高让接下来的"变化"变为一种"进步"的可能性。

③ 努力就会有回报吗

接下来说最后一部分内容。

对"付出努力一定有回报吗"这个问题，我想写一下我自己的看法。

我在之前写到，应该不断努力去"发生大量变化""留下足迹"等。那么，努力一定会有回报吗？

我认为答案是"不可能"。

举例来说，去观看一位失去双手双脚的青年人经过不断努力在摔跤场上最终取得成功的录像，你或许会认为努力就有回报。

去阅读一位万事不顺、生活穷苦，仍然不断努力并最终取得成功的实业家的自传，你也许会认为努力就有回报。

但是，我还是认为这是不可能的。

有很多"努力未必有回报"的情况，也有很多这样的人。这是事实。

或许是因为他不够努力，或者是因为搞错了努力的方向。不，或许是因为我自己还不够努力，没有弄清楚"努力的本质"。

但是，有一点可以确信。

那就是，**不断努力可以提高得到回报的可能性**。

虽然不是"一定"，但的确能提高得到回报的可能性，即使提高得很少。我相信这一点是不会有错的。

当然，或许你不能如愿以偿。

或许你到达不了设定的目标。

或许你还要继续不辞劳苦地努力下去。

但是，努力的人比不努力的人更有可能得到回报。这也许只是我的一个美好心愿，但我相信它。

因此，即便是很长时间得不到回报，我也希望你不要停止努力。

停止努力，就会让之前积攒的可能性重归于"0"。

希望你加倍努力，受到越来越多顾客的欢迎。

并且希望你一点一点地进步。

希望我自己今后也一直努力进步。

结　语

非常感谢大家读到最后。

最后，我想说一点关于我自己的事。

首先是一件关于我的回头客的故事。

2003 年 1 月，我在位于银座 2 丁目的一家快餐店工作。当时我才 24 岁，是一个刚从食品超市跳槽到餐饮业的新人。

这家店的顾客白天多是公司职员，周末多是赛马爱好者（店旁边就是场外赛马券售票处），晚上除了来吃饭的顾客，还有专门来喝酒的顾客。

其中有一位顾客，我至今还清晰地记得他的长相。他是一位 50 岁左右的男士，戴着眼镜，总是穿着一件黑色的皮大衣，每周会来一两次。他有自己喜欢的座位，只要那个座位空着，他一定会坐到那里去。那个座位在店里的中央位置，正对着电视。这位男士一坐下来总是点上一杯柠檬鸡尾酒，并会说一句"请调浓一点"。

我刚来工作的时候，他每次来，我都会问他点什么。有一次，在他要说点什么之前，我试着提议道：

"和往常一样可以吗？稍微浓一点的那种。"

他给了我一个微笑。他是一个沉默寡言的人，总是一个人来，我们之间最初几乎没有点餐以外的对话，不过从那以后，我们每次都会聊上几句。

后来我们之间形成了一种默契，在需要续杯的时候，他不再说"柠檬鸡尾酒"，只是轻轻地举起玻璃杯当作信号，我看到后就去续杯。

有一次，我给他送柠檬鸡尾酒的时候，他跟我说了这样的话：

"你做的柠檬鸡尾酒最好。"

他说，在我休息的时候也来过，但柠檬鸡尾酒的味道好像有点不一样。虽然没能与顾客分享我在建立与回头客之间的联系上的努力，但是我还是十分高兴，心想"在餐饮店工作真好"。

之后，他偶尔会带着他的夫人一起来，这也让我感到非常高兴。

当我被调到其他店时，跟他说了一声，他听到后非常落寞，并多次对我说："要告诉我下一家店叫什么。我一定会去的。"但下一家店在和歌山县，他来不了……

现在回想起来，或许是因为这位顾客，我才继续在餐饮店工作的。

这是我非常私密的事，也是我第一次体验到的与回头客之间心灵联系的逸事。

由我自己来说这件事可能有点不合适，不过我认为这就是人性。做生意就要有人情味。

计算出费用与成效之间的关系，或者打造出新理念也不错，不过我还是认为，做生意的根本就是要有人情味。那位到店里来的顾客是一位"有心人",在让他感到高兴的过程中,我体会到了做生意的乐趣。

要与顾客建立"联系",做有人情味的生意,让他们成为回头客。如果这本书在这方面对你有一点点帮助,我将欣喜不已。

在这里,我想再次重复一下我开头说的话。

这本书有 5000 日元的价值吗?

(在本书第 7 页记述了"让这本书价值 5000 日元以上的三条做法")

我认为,如果这本书没有 5000 日元以上的价值,就是失败的。

因为这本书的诸位读者投资了 5000 日元以上。

这本书自身的价格是 1470 日元(含税),不过诸位读者还花费了阅读时间。恐怕花了两三个小时左右吧。虽然看书的时长因人而异,但如果把这个时间换算成钱,我想至少需要投资5000 日元。

因此，这本书的价值必须要超过这个数。

只是大致读一读，那么这本书的价值是 1470 日元。

但是，如果这本书的内容能给你带来灵感，并让你在经营店铺时采取了某些行动，那它就会进一步产生价值。采取的行动如果能让哪怕一位顾客到店里来，这也是一个成果。我相信，如果你不断采取行动，肯定能产生 5000 日元以上的价值。

即使采取的行动失败了，只要去分析它的原因，留下足迹，并在下一次迈出第二步，那么也是有价值的。

我在本书中能做的只有通过文字传达信息，不能像我直接给予咨询的客户那样，和你一起考虑经营店铺理应采取的措施。所以就看你如何利用本书了。

你可以从现在开始行动，也可以从明天开始。

首先，请把这本书快速地再翻一遍。

其次，再读一遍自己标记的地方或之前折上的页码的内容。

然后，再认真想一想自己的店能做些什么。

哪怕花 5 分钟也好，如果没有时间，也可以只用 1 分钟。

还有一点，希望你在店里开始采取行动。

我相信你采取的行动会产生 5000 日元的价值，甚至可能产生 5 万日元、50 万日元、500 万日元以上的价值。

非常感谢你能读到最后。

希望你可以打造一家独具特色的店铺，吸引更多回头客。

2016 年 6 月

真喜屋实行

"服务的细节" 系列

《卖得好的陈列》：日本"卖场设计
第一人"永岛幸夫
定价：26.00 元

《为何顾客会在店里生气》：家电卖
场销售人员必读
定价：26.00 元

《完全餐饮店》：一本旨在长期适用
的餐饮店经营实务书
定价：32.00 元

《完全商品陈列 115 例》：畅销的陈
列就是将消费心理可视化
定价：30.00 元

《让顾客爱上店铺 1——东急手创
馆》：零售业的非一般热销秘诀
定价：29.00 元

《如何让顾客的不满产生利润》：重
印 25 次之多的服务学经典著作
定价：29.00 元

《新川服务圣经——餐饮店员工必学
的 52 条待客之道》：日本"服务之
神"新川义弘亲授服务论
定价：23.00 元

《让顾客爱上店铺 2——三宅一生》：
日本最著名奢侈品品牌、时尚设计与
商业活动完美平衡的典范
定价：28.00 元

《摸过顾客的脚才能卖对鞋》：你所不知道的服务技巧，鞋子卖场销售的第一本书

定价：22.00 元

《繁荣店的问卷调查术》：成就服务业旺铺的问卷调查术

定价：26.00 元

《菜鸟餐饮店 30 天繁荣记》：帮助无数经营不善的店铺起死回生的日本餐饮第一顾问

定价：28.00 元

《最勾引顾客的招牌》：成功的招牌是最好的营销，好招牌分分钟替你召顾客！

定价：36.00 元

《会切西红柿，就能做餐饮》：没有比餐饮更好做的卖卖！ 饭店经营的"用户体验学"。

定价：28.00 元

《制造型零售业——7-ELEVEn 的服务升级》：看日本人如何将美国人经营破产的便利店打造为全球连锁便利店 NO.1！

定价：38.00 元

《店铺防盗》：7大步骤消灭外盗，11种方法杜绝内盗，最强大店铺防盗书！
定价：28.00元

《中小企业自媒体集客术》：教你玩转拉动型销售的7大自媒体集客工具，让顾客主动找上门！
定价：36.00元

《敢挑选顾客的店铺才能赚钱》：日本店铺招牌设计第一人亲授打造各行业旺铺的真实成功案例
定价：32.00元

《餐饮店投诉应对术》：日本23家顶级餐饮集团投诉应对标准手册，迄今为止最全面最权威最专业的餐饮业投诉应对书。
定价：28.00元

《大数据时代的社区小店》：大数据的小店实践先驱者、海尔电器的日本教练传授小店经营的数据之道
定价：28.00元

《线下体验店》：日本"体验式销售法"第一人教你如何赋予O2O最完美的着地！
定价：32.00元

《医患纠纷解决术》：日本医疗服务
第一指导书，医院管理层、医疗一线
人员必读书！ 医护专业入职必备！
定价：38.00 元

《迪士尼店长心法》：让迪士尼主题
乐园里的餐饮店、零售店、酒店的服
务成为公认第一的，不是硬件设施，
而是店长的思维方式。
定价：28.00 元

《女装经营圣经》：上市一周就登上
日本亚马逊畅销榜的女装成功经营
学，中文版本终于面世！
定价：36.00 元

《医师接诊艺术》：2 秒速读患者表
情，快速建立新赖关系！ 日本国宝级
医生日野原重明先生重磅推荐！
定价：36.00 元

《超人气餐饮店促销大全》：图解型
最完全实战型促销书，200 个历经检
验的餐饮店促销成功案例，全方位深
挖能让顾客进店的每一个突破点！
定价：46.80 元

《服务的初心》：服务的对象十人百
样，服务的方式千变万化，唯有，初
心不改！
定价：39.80 元

《最强导购成交术》：解决导购员最
头疼的 55 个问题，快速提升成交率！
定价：36.00 元

《帝国酒店——恰到好处的服务》：
日本第一国宾馆的 5 秒钟魅力神话，
据说每一位客人都想再来一次！
定价：33.00 元

《餐饮店长如何带队伍》：解决餐饮
店长头疼的问题——员工力！ 让团队
帮你去赚钱！
定价：36.00 元

《漫画餐饮店经营》：老板、店长、
厨师必须直面的 25 个营业额下降、顾
客流失的场景
定价：36.00 元

《店铺服务体验师报告》：揭发你习
以为常的待客漏洞　深挖你见怪不怪
的服务死角　50 个客户极致体验法则
定价：38.00 元

《餐饮店超低风险运营策略》：致餐
饮业有志创业者＆计划扩大规模的经
营者＆与低迷经营苦战的管理者的最
强支援书
定价：42.00 元

《零售现场力》：全世界销售额第一名的三越伊势丹董事长经营思想之集大成，不仅仅是零售业，对整个服务业来说，现场力都是第一要素。
定价：38.00 元

《别人家的店为什么卖得好》：畅销商品、人气旺铺的销售秘密到底在哪里？ 到底应该怎么学？ 人人都能玩得转的超简明 MBA
定价：38.00 元

《顶级销售员做单训练》：世界超级销售员亲述做单心得，亲手培养出数千名优秀销售员！ 日文原版自出版后每月加印 3 次，销售人员做单必备。
定价：38.00 元

《店长手绘 POP 引流术》：专治"顾客门前走，就是不进门"，让你顾客盈门、营业额不断上涨的 POP 引流术！
定价：39.80 元

《不懂大数据，怎么做餐饮？》：餐饮店倒闭的最大原因就是"讨厌数据的糊涂账"经营模式。
定价：38.00 元

《零售店长就该这么干》：电商时代的实体店长自我变革。
定价：38.00 元

《生鲜超市工作手册蔬果篇》：海量图解日本生鲜超市先进管理技能

定价：38.00 元

《生鲜超市工作手册肉禽篇》：海量图解日本生鲜超市先进管理技能

定价：38.00 元

《生鲜超市工作手册水产篇》：海量图解日本生鲜超市先进管理技能

定价：38.00 元

《生鲜超市工作手册日配篇》：海量图解日本生鲜超市先进管理技能

定价：38.00 元

《生鲜超市工作手册副食调料篇》：海量图解日本生鲜超市先进管理技能

定价：48.00 元

《生鲜超市工作手册 POP 篇》：海量图解日本生鲜超市先进管理技能

定价：38.00 元

《日本新干线 7 分钟清扫奇迹》：我们的商品不是清扫，而是"旅途的回忆"

定价：39.80 元

《像顾客一样思考》：不懂你，又怎样搞定你?

定价：38.00 元

《好服务是设计出来的》：设计，是对服务的思考
定价：38.00 元

《让头回客成为回头客》：回头客才是企业持续盈利的基石
定价：38.00 元

《餐饮连锁这样做》：日本餐饮连锁店经营指导第一人
定价：39.00 元

《养老院长的 12 堂管理辅导课》：90%的养老院长管理烦恼在这里都能找到答案
定价：39.80 元

《大数据时代的医疗革命》：不放过每一个数据，不轻视每一个偶然
定价：38.00 元

《如何战胜竞争店》：在众多同类型店铺中脱颖而出
定价：38.00 元

《这样打造一流卖场》：能让顾客快乐购物的才是一流卖场
定价：38.00 元

《店长促销烦恼急救箱》：经营者、店长、店员都必读的"经营学问书"
定价：38.00 元

《餐饮店爆品打造与集客法则》：迅速提高营业额的"五感菜品"与"集客步骤"
定价：58.00 元

《赚钱美发店的经营学问》：一本书全方位掌握一流美发店经营知识
定价：52.00 元

《新零售全渠道战略》：让顾客认识到"这家店真好，可以随时随地下单、取货"
定价：48.00 元

《良医有道：成为好医生的 100 个指路牌》：做医生，走经由"救治和帮助别人而使自己圆满"的道路
定价：58.00 元

《口腔诊所经营 88 法则》：引领数百家口腔诊所走向成功的日本口腔经营之神的策略
定价：45.00 元

《来自 2 万名店长的餐饮投诉应对术》：如何搞定世界上最挑剔的顾客
定价：48.00 元

《超市经营数据分析、管理指南》：来自日本的超市精细化管理实操读本
定价：60.00 元

《超市管理者现场工作指南》：来自日本的超市精细化管理实操读本
定价：60.00 元

《超市投诉现场应对指南》： 来自日本的超市精细化管理实操读本
定价： 60.00元

《超市现场陈列与展示指南》
定价： 60.00元

《向日本超市店长学习合法经营之道》
定价： 78.00元

《让食品网店销售额增加10倍的技巧》
定价： 68.00元

《让顾客不请自来！ 卖场打造84法则》
定价： 68.00元

《有趣就畅销！ 商品陈列99法则》
定价： 68.00元

《成为区域旺店第一步——竞争店调查》
定价： 68.00元

《餐饮店如何打造获利菜单》
定价： 68.00元

《日本家具 & 家居零售巨头 NITORI 的成功五原则》
定价： 58.00 元

《咖啡店卖的并不是咖啡》
定价： 68.00 元

《革新餐饮业态： 胡椒厨房创始人的突破之道》
定价： 58.00 元

《餐饮店简单改换门面， 就能增加新顾客》
定价： 68.00 元

《让 POP 会讲故事， 商品就能卖得好》
定价： 68.00 元

《经营自有品牌： 来自欧美市场的实践与调查》
定价： 78.00 元

《卖场数据化经营》
定价： 58.00 元

《超市店长工作术》
定价： 58.00 元

《习惯购买的力量》

定价： 68.00 元

《7-ELEVEn 的订货力》

定价： 58.00 元

《与零售巨头亚马逊共生》

定价： 58.00 元

《下一代零售连锁的 7 个经营思路》

定价： 68.00 元

《唤起感动： 丽思卡尔顿酒店"不可思议" 的服务》

定价： 58.00 元

《7-ELEVEn 物流秘籍》

定价： 68.00 元

《价格坚挺， 精品超市的经营秘诀》

定价： 58.00 元

《超市转型： 做顾客的饮食生活规划师》

定价： 68.00 元

《连锁店商品开发》

定价： 68.00 元

《顾客爱吃才畅销》

定价： 58.00 元

《便利店差异化经营——罗森》

定价： 68.00 元

更多本系列精品图书，敬请期待！